MÉMOIRES

POUR SERVIR A LA VIE

DE

M. DE PENTHIEVRE.

Se trouve à Paris,

Chez {
CHAUMEROT, Palais du Tribunat, Galeries de Bois, N°. 188;
H. NICOLLE, rue des Petits-Augustins, à la Librairie Steréotype;
LE NORMANT, Rue des Prêtres-St.-Germain-l'Auxerrois;
NEPVEU, Passage du Panorama;
DELANCE, Rue des Mathurins S. J., Hôtel Cluny.
}

MÉMOIRES

POUR SERVIR A LA VIE

DE

M. DE PENTHIEVRE;

PAR M. FORTAIRE.

PARIS,

DE L'IMPRIMERIE DE DELANCE.

1808.

AVERTISSEMENT.

J'AI vécu dans la maison de M. le
duc de Penthièvre, pendant quarante
ans, dont quinze ont été consacrés au
service personnel de ce respectable et
vertueux prince. Il m'a donc été très-
facile de connoître la moindre de ses
actions, de recueillir la plupart de ses
paroles, et de pénétrer, en quelque
sorte, jusques dans sa pensée. Il est
mort sous mes yeux, et je ne l'ai pas
quitté un instant dans ses derniers
momens, les plus pénibles et les plus
douloureux de sa vie. Mon amour et
mon admiration pour un si bon maître
sont des jouissances que l'âge ne peut
me ravir. Ils m'inspirèrent le dessein
de composer les Mémoires que je pu-
blie aujourd'hui. Si, en laissant courir

ma plume au gré de mon cœur, je me suis égaré quelquefois dans des détails trop minutieux, on doit le pardonner aux sentimens qui m'animent. Puissent-ils encore me mériter toute l'indulgence dont j'ai besoin, pour l'incorrection de mon style, ne m'étant jamais exercé dans l'art d'écrire. Les amis de la véririté et de la vertu ne me refuseront pas cette indulgence; car c'est uniquement pour eux que j'ai entrepris mon ouvrage.

MÉMOIRES

MÉMOIRES

POUR SERVIR A LA VIE

DE

M. DE PENTHIÈVRE.

Naissance et premières années du Prince.

1723 — 1740.

Louis-Jean-Marie de Bourbon, Duc de Penthièvre, naquit le 16 novembre 1725, du mariage de M. le comte de Toulouse avec Marie-Victoire-Sophie de Noailles. Son père et sa mère qui se connoissoient en mérite, avoient choisi et nommé d'avance les personnes qui devoient être chargées du soin de l'enfant. Cet enfant étoit infiniment précieux au père et à la mère ;

car M. le comte de Toulouse avoit déjà quarante-sept ans, et madame la comtesse trente-sept. Aussi eurent-ils grand soin de le mettre dans les meilleures mains possibles; ils choisirent madame la comtesse de Marcé pour en être la gouvernante, et lui donnèrent la plus entière confiance. Cette dame avoit un rare mérite; faite pour élever non-seulement les enfans des princes, mais même ceux des rois, elle réussit parfaitement à préparer les heureuses dispositions de l'enfant à recevoir l'empreinte de toutes les vertus. A sept ans, elle remit aux hommes son pupille, le plus aimable des enfans, et qui donnoit les plus glorieuses espérances. Quel bonheur, quand la nature, les dons du ciel et l'éducation concourent à former les hommes destinés à jouer un grand rôle dans la Société!

C'est à cet âge, en 1732, que M. de Penthièvre fut baptisé dans la chapelle du château de Versailles, le 5 de juillet, et tenu sur les fonds de baptême par le roi Louis XV, et la reine son épouse.

Monsieur et madame de Toulouse ne manquèrent pas de donner tous leurs soins, pour que l'éducation des hommes achevât de développer les excellentes dispositions du jeune prince. On ne manquoit pas alors de gens de mérite, et M. le comte de Toulouse en avoit de bien connus attachés à sa maison, et en même temps au service du roi. Le monarque lui-même, qui vivoit dans une grande intimité avec M. et madame de Toulouse, prit le plus grand intérêt à l'éducation de leur fils.

Éducation de M. de Penthièvre, 1732.

M. le marquis de Pardaillan, officier-général dans la marine, fut nommé Gouverneur en titre ; mais son service sur mer ne permit pas qu'il en fît les fonctions auprès du jeune prince ; il étoit alors en activité de service et commandoit un vaisseau de ligne qui engagea un combat avec les Anglais. Le premier coup de canon qu'ils tirèrent emporta ce brave officier et tua aussi l'un de ses neveux qui combattoit à côté de lui. Ce neveu avoit trois frères qui existent encore dans ce moment : l'un d'eux, ci-devant maréchal de camp et premier écuyer de M. de Penthièvre, s'est trouvé présent à la mort de ce prince.

M. de Penthièvre eut pour sous-gouverneurs MM. de Lizardet et de Laclue, tous deux officiers de marine et attachés en qualité de gentilshommes à M. le comte de Toulouse. M. l'abbé Quenel (qu'il ne faut pas confondre avec le P. Quénel de l'Oratoire) fut nommé précepteur. Jamais emploi ne fut moins pénible, que celui de diriger l'éducation de M. de Penthièvre. Sa douceur et sa docilité lui rendirent l'étude facile : il avoit la conception et la mémoire heureuses ; ce qu'il n'étudioit pas par goût, il l'apprenoit par devoir et en vue de son utilité. Convaincu dès son enfance de l'avantage du savoir, et de la honte attachée à l'ignorance, il lui suffisoit que l'étude fût un de ses devoirs et celui de son âge, pour s'y livrer avec ardeur. Le devoir étoit

pour lui quelque chose de sacré et d'invio-
lable ; et ce principe a été dans tous les
temps la règle de toutes ses actions. Ce
jeune prince n'eut presque point d'enfance ;
ou plutôt, il fut enfant toute sa vie , par
la candeur , la pureté et l'innocence de ses
mœurs.

L'étude de la Bible eut pour le jeune
prince un attrait si puissant, qu'il fit de sa
lecture les délices de toute sa vie , et qu'il
la savoit presque en entier par cœur.

Après la religion, le jeune prince préféra
constamment les choses utiles à celles qui
n'étoient qu'agréables. M. l'abbé Nollet,
dans la préface de son bel ouvrage des Leçons de physique expérimentale, s'exprime
en ces termes : « Monseigneur le duc de
» Penthièvre voulut voir un de mes cours
» de Physique. S. A. S. y assista avec beau-
» coup d'assiduité et d'attention ; M. de
» Penthièvre avoit alors treize ans. »

Les mathématiques, la géométrie et la
géographie lui plurent extrèmement : mais
il se livra surtout avec ardeur à l'étude de

l'histoire générale et des histoires particulières. Il s'attacha à connoître les intérêts politiques de chaque puissance ; les principes et les maximes du gouvernement français, dans lequel sa naissance lui destinoit les premières charges : il cherchoit à distinguer ce qui étoit du droit des gens et de la puissance du chef de l'État, du droit de la paix et de la guerre et des grands traités de paix qui avoient fixé les droits des Puissances, et établi l'équilibre dans le système politique de l'Europe. Tout ce qui avoit rapport à ces grands objets occupoit singulièrement M. de Penthièvre, et dans les occasions c'étoit un charme de l'en entendre parler avec des ambassadeurs ou autres politiques ; c'étoit avec ces hommes-là que l'on pouvoit remarquer le savoir et la sagesse de M. de Penthièvre. Mais ce qui étoit plus merveilleux encore, c'étoit cette charmante modestie, cette sage retenue qui couvroient tant de mérite, et des connoissances si rares à son âge. Tout le monde rendoit justice à M. de Penthièvre sur sa douceur, sa bonté, sa piété et ses autres vertus. Mais ceux qui ne le voyoient pas de près, ne pouvoient se douter qu'il possédât autant de dons naturels et de connoissances acquises, toujours soigneusement cachées sous le voile de l'humilité et de la modestie. Il joignoit à cette heureuse facilité, à ce zèle ardent pour l'étude, des dispositions bien plus précieuses encore. A peine sorti de l'enfance, le jeune prince commença à penser, mais à penser fortement et solidement. La religion s'en empara dès ses premiers jours, et elle le conserva dans son sein jusqu'à son dernier soupir, pour montrer au monde que dans tous les états de la vie on peut lui rester fidèle, dans la fortune et dans les grandeurs, comme dans l'humble médiocrité.

Les personnes chargées de l'éducation de M. de Penthièvre avoient, sans doute, tous les talens, les moyens et les qualités nécessaires pour diriger ses premiers pas, lui enseigner les premiers élémens, et pour

en faire enfin un honnête homme selon le
monde ; mais la Providence avoit des vues
plus étendues sur lui, et vouloit joindre
aux qualités de l'honnête homme celles de
l'homme de bien, de l'homme moral et religieux ; et jamais les vues de la Providence
ne furent plus heureusement secondées.
Indépendamment des exercices ordinaires
de la religion, le jeune prince se recueilloit
particulièrement, se portoit à la régula-
rité, aux jeûnes et aux abstinences, au
point que l'on s'en alarma pour sa santé,
et que l'on en instruisit madame la comtesse de Toulouse sa mère. Mais comme
elle-même avoit une solide piété, son embarras étoit de savoir comment s'y prendre
pour arrêter ou tempérer, du moins,
cet excès de zèle dans son fils. Elle s'a-
dressa à son médecin, chargé de la santé
du jeune prince. Le docteur lui fit cette
belle réponse : « Eh ! madame, je me suis
» déjà entretenu à ce sujet avec monsei-
» gneur le duc de Penthièvre, votre fils ;
» comment voudriez-vous que je pusse gou-

» verner son corps, avec une âme comme
» la sienne. Pour son âge c'est déjà un pro-
» dige de vertus. »

L'on n'eut jamais besoin de recommander au jeune prince le respect et la soumission pour ses parens ; ce devoir étoit un sentiment ineffaçablement gravé dans son cœur. M. le comte de Toulouse aimoit tendrement son fils, mais il étoit froid et sérieux, il ne savoit pas caresser, parce qu'il ne l'avoit point été. On avoit épuisé toutes les caresses pour son frère le duc du Maine. Il n'en étoit pas de même de madame la comtesse de Toulouse ; elle étoit très-caressante, et elle auroit beaucoup aimé les caresses de son fils, qui lui paroissoit froid. Elle lui dit même un jour : mon fils, j'aimerois mieux que vous fussiez à mon égard moins poli et moins respectueux, et que vous fussiez plus caressant. Cette espèce de reproche fut un coup de foudre pour cet aimable enfant, qui fondit en larmes et fut inconsolable ; on fut obligé de le reconduire chez lui où il pleura amèrement, et sur ce que l'on lui dit qu'une telle sensibilité pourroit être interprétée défavorablement pour lui, il répondit : Eh ! messieurs, que pourroit-il y avoir de plus défavorable pour moi que le soupçon de ne pas assez aimer une mère que j'adore !

Madame la comtesse de Toulouse fut bien fâchée d'avoir donné ce chagrin à son fils, mais en même temps elle vit avec plaisir dans ce fils un cœur aussi sensible. Elle avoit un jugement trop solide, pour ne pas préférer un sentiment pur et profond à de simples caresses extérieures.

La sensibilité dont nous venons de voir un si touchant exemple, ne tarda pas à être mise à une épreuve bien plus douloureuse. M. le comte de Toulouse mourut à Rambouillet, le 1er. décembre 1737, âgé de 60 ans. Le duc du Maine, son frère, étoit mort l'année précédente à Sceaux, le 14 mai 1736, âgé de 67 ans.

Quelques jours avant la mort de M. de Toulouse, le roi étoit parti de Fontainebleau pour l'aller voir à Rambouillet, et à l'instant même de sa mort, le roi donna à son fils la charge de grand Veneur et les régimens d'infanterie et de cavalerie du prince son père, qui quittèrent le nom de Toulouse pour prendre celui de Penthièvre. Quelque temps avant, le roi lui avoit déjà donné la survivance de Grand-amiral et du gouvernement de Bretagne.

L'autorité paternelle éteinte pour le jeune prince, toute sa soumission et son respect se réunissent sur sa mère; il reste soumis aux personnes à qui son père avoit donné sa confiance; il respecte toutes ses intentions, et marche d'un pas égal vers la perfection. Son éducation avance, et bientôt une nouvelle carrière va commencer pour lui (1).

____

(1) En commençant cette éducation, les officiers qui y furent préposés en établirent l'ordre et les règles à suivre. Il avoit été réglé, suivant les intentions du père et de la mère, que la prière du matin et du soir se feroit en commun; mais bientôt le pieux jeune homme, indépendamment de la prière commune,

1740.

L'éducation de M. de Penthièvre achevée , on le dispose pour le service. Pourvu

se déroboit au temps de la récréation et se retiroit
dans son cabinet pour y prier, et y lire seul. Un jour
qu'il y étoit resté un peu plus qu'à son ordinaire et
que l'on l'attendoit pour les leçons, le précepteur
voulut savoir ce qui le retenoit, et ouvrit doucement la porte du cabinet; dans l'instant M. de Penthièvre, qui tenoit un livre ouvert, le ferma et fit
un mouvement comme s'il eût voulu le cacher :
sur cela le précepteur lui dit : ah ! monseigneur, ce
que je viens de voir m'afflige et blesse la confiance
que vous devez avoir en moi ; est-ce qu'à notre insu
vous lisez quelque chose qui ne vous conviendroit
pas? M. de Penthièvre, qui avoit gardé le silence sans
rien répondre , présente poliment à son précepteur
le livre qu'il avoit à la main : l'ecclésiastique l'ouvre
et voit que c'est l'Imitation de J. C. Sur-le-champ
ses craintes se changent en admiration , et il dit au
prince : Monseigneur, je vous demande pardon d'avoir
manqué moi-même à la confiance que je dois à la
pureté de votre conduite; ces soupçons déplacés ne
me sont venus que de la crainte de manquer à mes
devoirs, et de mon attachement à votre personne.

des

des charges du prince son père, il va être
décoré des même ordres: il l'est déjà de

Le jeune prince regardant son précepteur avec un
sourire de bonté et d'amitié, lui dit : M. l'abbé, je
vous remercie de tout mon cœur de votre affection
pour moi ; et ils revinrent gaiement ensemble aux
leçons qui les attendoient.

Tout le monde a connu dans le temps la conduite
de M. de Penthièvre à l'égard des héritiers de son
précepteur, M. l'abbé Quenel, fort connu à Paris. Il
fit avant de mourir un testament par lequel il ins-
titua M. de Penthièvre son légataire universel après
sa mort. M. de Penthièvre changea son titre en celui
d'exécuteur testamentaire ; fit mettre la succession
dans le meilleur ordre, et fit venir à Paris, à ses
frais, tous les héritiers qui pouvoient avoir des droits
à la succession. On examina avec le plus grand soin
les différens degrés de parenté ; et le prince fit dé-
livrer à chacun ce qui devoit leur revenir quitte
et libre de tous frais, avec une augmentation raison-
nable, suivant leurs besoins et leurs facultés ; voulant reconnoître, jusque dans les héritiers de son
précepteur, les soins qu'il en avoit reçus. Tous ces
gens-là s'en retournèrent chez eux en bénissant la
générosité et la bienfaisance d'un si bon prince.
Quelque temps après son mariage M. de Penthièvre

la croix de St.-Louis , en vertu des prérogatives de sa charge de Grand-amiral ; et
le roi d'Espagne s'empresse de l'admettre
dans l'ordre de la Toison d'or. Dès les
premiers jours de janvier 1740 il en reçoit
le collier de la main du marquis de Lamica

---

se ressouvint que son précepteur avoit eu un homme
auprès de lui qui lui avoit rendu quelques petits
services en copiant ses thèmes dans le temps qu'il
commençoit à écrire. Quoiqu'il l'eût bien payé il
le fit chercher et lui donna une place à Rambouillet,
qu'il conserva jusqu'à sa mort.

Si la dame qui a voulu publier la vie de M. de
Penthièvre eût connu ce prince comme il convenoit,
si elle avoit eu au moins des notions suffisantes et
vraisemblables , elle se fut dispensée de nous donner
les fables de son imagination, comme celle de sa
prétendue belle Eléonore de Rambouillet, cet être de
raison, absolument controuvé de sa part. Elle auroit
dû pour faire passer ses inventions, joindre au
moins deux mots au titre de son livre : *Roman
historique;* moyennant cette petite addition nous
ne nous serions pas effarouchés, et son ouvrage
auroit été reçu pour ce qu'il est; c'est-à-dire, pour
un roman.

en l'hôtel de cet ambassadeur d'Espagne ; ce n'étoit que de l'année précédente 1739, que le Roi et le Dauphin avoient reçu le même collier du même ambassadeur.

Le jeune prince qui, comme on a vu, n'a pas perdu un instant dans ses études, va redoubler d'ardeur, en prenant des

---

Cette dame, que nous sommes obligés de détromper sur toutes les fausses instructions que l'on lui a données, emploie après sa jolie fable de la belle Eléonore, encore plus de 72 pages à nous faire des récits de campagnes, de guerres de 1733 et 1734, de combats particuliers, de la bataille de Parme, le tout absolument étranger à M. de Penthièvre, qui n'avoit alors que 8 à 9 ans ; et ce qu'il y a de fort singulier, c'est que cette auteur ne dit pas un seul mot des services de M. de Penthièvre, des campagnes de guerre qu'il a faites et des batailles où il a combattu, parce qu'elle les a ignorées ainsi que ceux de qui elle a suivi les instructions : n'est-ce pas là une plaisante manière d'écrire l'histoire ? Nous allons réparer une faute aussi considérable, et suivre plus fidèlement notre héros.

forces physiques et morales. Il entend dire que les grands hommes qui s'étoient formés sous Louis XIV disparoissoient, que la disette même commençoit à devenir sensible, et qu'il falloit travailler à en former de nouveaux. Ce langage, souvent répété devant le jeune duc, ne fit qu'ajouter encore à son désir naturel de se rendre utile à sa patrie. Les occasions se présentèrent bientôt de le prouver à la guerre, et il en profita, comme on va le voir.

La mort de l'empereur Charles VI, arrivée en octobre 1740, alluma une guerre aussi furieuse que celle qui avoit suivi la mort de Charles II, roi d'Espagne. La fille aînée de l'Empereur, Marie-Thérèse, épouse de François de Lorraine, devoit recueillir tout l'héritage; mais des compétiteurs pouvoient lui opposer des titres, et il y avoit toute apparence que le procès ne seroit terminé que par la force des armes.

Frédéric II régnoit en Prusse (on ne parloit pas encore de lui dans l'Europe, qu'il a remplie dans la suite du bruit de son nom), et Marie-Thérèse, qui n'a pas été moins célèbre que lui, et qui l'a peut-être surpassé sous plusieurs raports, commencèrent à guerroyer pour des intérêts personnels en Silésie : ce signal excita les autres puissances : le roi et la reine d'Espagne, l'électeur de Bavière, le roi de Pologne, électeur de Saxe, vouloient tous démembrer la succession de Charles VI.

Louis XV, plus modéré, ne cherchoit point à s'agrandir : le cardinal de Fleury, premier ministre, ami de l'équité et de la paix, ne vouloit point la guerre ; mais le cri d'une partie de la nation, le vœu presque général des officiers, les conseils du maréchal de Belle-Isle et de son frère, l'emportèrent sur les raisons du ministre. La France entra comme auxiliaire dans une querelle qui ne la regardoit point alors : on se flatta de la finir dans une seule campagne, comme il arriva après en 1757, quand les troupes françaises allèrent en Hanovre, et que néanmoins la guerre dura sept ans.

1741.

A seize ans et demi, en 1741, on retira d'auprès de M. de Penthièvre les personnes qui avoient été chargées de son éducation ; et on leur substitua des guides et des conseils pour l'accompagner dans la carrière militaire où le besoin du service le demanderoit. On ne pouvoit faire un meilleur choix : M. de St.-Peret, maréchal-de-camp, officier d'un rare mérite, intelligent, actif et qui a fini sa carrière militaire ancien lieutenant-général et commandant les Grenadiers de France ; et M. le chevalier de Crénay, vice-amiral, qui a également bien servi sur mer et sur terre. Ces deux braves officiers étoient attachés de cœur et d'affection aux intérêts du Roi, et animés d'un zèle égal pour sa gloire et pour son service.

Dès sa plus tendre enfance, le jeune duc de Penthièvre avoit aimé à converser avec les anciens officiers qui venoient assidûment faire leur cour à M. le comte de Toulouse ;

tous les premiers officiers et gentilhommes de ce prince étoient militaires ; le marquis de Tarneau, premier gentilhomme de sa chambre, étoit lieutenant-général et inspecteur-général de la cavalerie et des dragons, et gouverneur de Béthune.

Première campagne de M. de Penthièvre, 1742.

En 1742, les ennemis menaçoient les Pays-Bas. Le maréchal de Noailles fut nommé pour commander une armée en Flandre ; et comme les anglais en vouloient particulièrement à Dunkerque, dont ils vouloient, disoient-ils, *faire un hameau de pécheurs*, le maréchal de Noailles y forma un camp, et fit augmenter les fortifications. Le Roi voulut que les deux jeunes princes, M. le duc de Chartres et M. le duc de Penthièvre allassent servir comme volontaires à ce camp, qui étoit formé aux Dunes, près de Dunkerque. Les deux princes étoient du même âge, et n'avoient que dix-sept ans ; beau sujet d'émulation entre eux !

Madame la comtesse de Toulouse étoit charmée que le jeune prince son fils fit ses premières armes sous le commandement du maréchal de Noailles, son frère, qui de son côté étoit bien aise de voir à son armée deux jeunes princes du sang, dont l'un étoit son neveu. Les deux jeunes princes revinrent de cette première campagne avec le grade de brigadier des armées du Roi.

Les belles manœuvres et les savantes dispositions du maréchal de Noailles empêchèrent les anglais de faire aucune tentative sur Dunkerque, dans la crainte d'y être mal reçus, et d'échouer dans leurs projets. La saison des entreprises étant passée, les troupes décampèrent et rentrèrent dans leurs cantonnemens. De retour à Paris, M. de Penthièvre continua à s'instruire, et à se disposer pour la campagne prochaine. Au mois de janvier 1743, mourut le cardinal de Fleury, ministre pacifique et doux.

Le comte d'Argenson resta ministre de la guerre; et après quelque temps d'incertitude sur le projet des ennemis, leur marche fit connoître qu'ils vouloient pénétrer en Allemagne.

1743.

Le roi d'Angleterre, George II, venoit de se mettre à la tête de son armée; on conjecturoit avec raison que les anglais tenteroient le passage du Mein, et s'exposeroient au risque d'une bataille : « *nous pou-* » *vons la perdre impunément*, disoient-ils tout haut, « *et la France sera encore trop* » *heureuse d'accepter la paix : si nous la* » *gagnons, rien ne nous empêchera de* » *donner la loi dans l'Empire.* »

M. de Chartres et M. de Penthièvre, qui n'avoient pas encore dix-huit ans et étoient déjà brigadiers, en prirent le service en entrant en campagne, à tour de rôle avec

les anciens officiers de ce grade ; M. de Penthièvre suivit cette règle jusqu'au scrupule.
Les jours qu'il étoit de service, il ne manquoit jamais d'être à cheval à l'heure indiquée ; quand les officiers de l'état-major
venoient le prévenir la veille qu'il seroit de
service le lendemain, il les recevoit de la
meilleure grâce , et leur disoit en plaisantant : j'espère, Messieurs, que vous n'aurez
pas lieu de me gronder ; et il causoit agréablement avec eux sur l'art militaire, de manière à les étonner. Les campemens , les
plans de batailles , les cartes , la connoissance des lieux où se trouvoit le théâtre
de la guerre , les endroits de la rivière du
Mein qui pouvoient se trouver guéables,
et ceux où il falloit nécessairement jeter
des ponts ; tout lui étoit déjà devenu fa-
milier.

Ce qui ravissoit surtout les plus anciens
officiers, c'étoit ces questions qu'il savoit
faire toujours avec l'air de demander des
conseils modestement et poliment : « Mon-
» sieur, disoit-il à l'un, vous étiez à telle

» affaire, à telle journée ; vous en avez bien
» partagé la gloire. » Et aux officiers les plus
distingués, il leur disoit le plus honnête-
ment : « je m'estime très-heureux , Mes-
» sieurs , d'apprendre la guerre sous d'aussi
» excellens maîtres. »

Lorsqu'il étoit de service , il rendoit
compte exactement aux officiers généraux
sous qui il se trouvoit de division ou de service. Une fois qu'il se trouva brigadier de
jour, ayant visité les postes des grandes
gardes , il avoit fait une remarque essentielle ; il en rendit compte au général
même, accompagné dans le moment de
plusieurs officiers généraux. M. de Penthièvre fit son rapport avec tant de grâce, de justesse et de précision, que tous
ces anciens officiers en furent dans l'admiration ; le maréchal de Noailles l'entendit et l'écouta le cœur plein de joie, et
l'embrassa avec tendresse.

Il n'y avoit que le jeune prince qui parût
ne point s'apercevoir de la douce et agréable émotion qu'il excitoit dans tous les

cœurs ; un mélange parfait de dignité et de cette noble modestie qui sied si bien à tous les hommes, et rehausse encore plus les Grands, paroissoient régler toutes ses actions et ses paroles.

Un échec que les troupes de l'Empereur essuyèrent en Bavière, obligea le Maréchal de Broglie de solliciter un renfort pour l'armée qu'il commandoit. On ordonna au maréchal de Noailles de lui envoyer au plutôt 12 bataillons et 10 escadrons. Le départ de ce détachement redoubla l'audace des ennemis, qui passèrent le Mein. A cette nouvelle, le maréchal de Noailles fait marcher les troupes, et pendant qu'elles se rassemblent à Lorch, il va reconnoître lui-même le camp de Psungstats qu'il se propose d'occuper.

Par ses savantes manœuvres, ses marches et contre-marches, le maréchal de Noailles coupa les subsistances aux ennemis, et les réduisit à une disette extrême. C'étoit l'occasion que le Maréchal attendoit pour les combattre, en les forçant à décamper.

camper. Toute la journée du 12 , par les différentes dispositions, annonça une bataille pour le lendemain ; et en effet, on avertit le maréchal à une heure après minuit, que les ennemis décampoient. Sur le champ il prend son parti , et ordonne aux troupes de se tenir prêtes ; tout le monde se dispose et se prépare pour combattre.

M. de Penthièvre, qui toute la journée du 12 avoit été à cheval et avoit beaucoup fatigué des différens mouvemens que firent les troupes, se coucha tard et dormit un peu ; mais il fut bientôt debout. A trois heures du matin il monte à cheval, et dans l'appareil d'un jeune guerrier, accompagné des braves qui devoient combattre à côté de lui. Sitôt qu'il paroît devant les troupes qui se formoient en bataille, un sentiment spontané de joie et d'allégresse se fait entendre par des cris redoublés de *vive le duc de Penthièvre!* Le jeune prince en tressaillit de joie ; son âme n'avoit encore rien éprouvé de semblable.

Le maréchal de Noailles apprend que le village de *Dettingen* est évacué, il ordonne qu'on l'occupe, ce qui devoit assurer la victoire la plus complète. L'armée ennemie alloit être accablée dans un défilé ; la présence du roi d'Angleterre et du duc de Cumberland son fils n'auroit servi qu'à rendre le triomphe plus glorieux pour les français. Mais on connoît la faute du duc de Grammont, qui fit perdre tout le fruit de cette journée, qui devoit immortaliser l'habileté du maréchal de Noailles.

MM. les comte de Clermont, le prince de Dombes, le comte d'Eu, le duc de Chartres et le duc de Penthièvre, les cinq princes du sang, firent tous des prodiges de valeur. Mais la position de l'ennemi rendant le combat trop inégal, le général fit sa retraite en présence des ennemis, qui n'osèrent pas le poursuivre, et vint reprendre son camp. Cependant les ennemis restés maîtres du champ de bataille, l'abandonnèrent deux heures avant le jour, y laissant leurs morts et leurs blessés. Le

maréchal de Noailles fit enterrer les uns,
et transporter les autres dans son camp,
où tous les secours leur furent prodigués.
Cette conduite lui mérita les éloges et la
reconnoissance du comte de Stair, élève
du fameux Malbouroug , dont les sentimens n'étoient pas moins généreux. Ces
deux chefs d'armée s'écrivirent mutuelle-
ment plusieurs lettres pleines de cette véritable grandeur d'âme qui concilie les
droits de la nature avec les déplorables
rigueurs de la guerre.

----

(1) L'histoire a conservé la lettre que le maréchal
de Noailles écrivit au roi pour lui rendre compte
des motifs qui l'avoient engagé à combattre les ennemis à *Dettingen* ; il y dit entre autres choses :

« Je crois pouvoir me flatter que toute l'armée
» me rendra justice ; on n'exagérera point quand
» on vous dira, Sire, que les plus vieux officiers
» n'ont jamais vu un feu si considérable ni si suivi.
» Je ne puis me dispenser de dire à votre Majesté
» combien les princes ont fait de prodiges de va-
» leur. M. le duc de Chartres s'est distingué, s'étant
» toujours trouvé dans le plus fort de l'action, ral-

Supposons un moment qu'à la bataille
de Dettingen M. de Penthièvre n'ait fait
que ce que firent les autres princes et seigneurs français ; mais voici un trait particulier , un acte de grandeur et de justice
qui doivent mettre le comble à sa gloire
dans cette circonstance. M. de Penthièvre ne pensa jamais que ce que l'on appeloit droits , usages , coutumes de la
guerre , pussent le dispenser des règles in-

» liant ses troupes et les ramenant lui-même au
» combat avec un courage, une présence d'esprit ,
» un zèle que je ne puis trop admirer : quoique
» je puisse être suspect sur ce qui regarde M. le
» duc de Penthièvre, je supplie votre Majesté de
» croire que je n'ajouterai rien à la plus exacte vé-
» rité : *il s'est trouvé dans le feu le plus vif et plu-*
» *sieurs fois dans la mélée avec le sang froid et*
» *la tranquillité que votre Majesté lui connoît.* Si
» le duc d'Ayen et le comte de Noailles n'étoient
» pas mes enfans, je pourrois , Sire , vous en parler,
» mais j'en laisse le soin à ceux qui ont été témoins
» de leur conduite.»   -
   Louis XV répondit de sa main au maréchal de

violables de la justice éternelle , qui règle
et fixe les droits et les intérêts de tout
le monde.

Regardant donc les intérêts du Roi
comme inséparables de ceux de l'état, et
n'en voulant violer aucun, il donna les
ordres les plus formels pour qu'il ne fût

Noailles : « Je suis bien persuadé que ce n'est pas de
» votre faute si le combat que vous avez livré à
» Dettingen n'a pas été plus heureux : tout le monde
» vous rend justice et moi plus qu'aucun autre, con-
» noissant votre zèle pour mon service et votre ex-
» périence ; je suis très - aise que les princes aient
» montré autant de courage et d'activité que vous
» le marquez, témoignez-leur en ma joie et le gré
» que je leur en sais, surtout à MM. de Chartres
» et de Penthièvre; aussi n'ai-je pas tardé à leur
» envoyer le brevet de maréchal de camp que vous
» m'avez demandé pour eux. J'ai toujours été bien
» persuadé aussi de la valeur de nos jeunes sei-
» gneurs; mais ce qu'il convient que vous étudiez en
» eux, c'est les talens qu'ils développeront pour que
» vous les cultiviez, afin qu'ils deviennent bons
» généraux, ce dont tout le monde convient que
» nous manquons absolument. »

reçu dans les magasins de l'armée, au compte du Roi, que le nombre de rations de fourrages accordé à son grade suivant les ordonnances, et que l'on tînt un compte exact du surplus, pour être payé par lui aux munitionnaires de l'armée, à la décharge du Roi. Il voulut aussi que quand les circonstances obligeroient d'avoir recours aux fourrages verds, l'on prît toutes les précautions pour connoître les propriétaires des fourrages, en évaluer le prix, et les payer tout de suite ou en assurer le paiement.

La bataille de Dettingen n'eut aucunes suites fâcheuses. Une marche en avant que fit le maréchal de Noailles, acheva de soutenir la réputation des armées françaises; toute cette campagne fut pénible et fatigante tant que le roi d'Angleterre resta à son armée. Enfin les Anglois firent leur retraite le 25 octobre : le prince Charles de son côté sépara aussi ses troupes. M. de Penthièvre, ainsi que les autres princes, revinrent à Paris dans les premiers jours de novembre , et leurs équipages restèrent à portée de se rendre où l'on ouvriroit la campagne de 1744.

Le roi Louis XV avoit résolu d'aller se mettre à la tête de son armée : il venoit de faire le comte de Saxe maréchal de France. On avoit employé beaucoup de temps en négociations tout l'hiver : le Roi se trouva forcé de déclarer la guerre au roi d'Angleterre et à la reine de Hongrie ; et d'auxiliaire qu'il avoit été jusqu'alors, il devint partie principale , comme on l'avoit prévu. Ces deux puissances se flattoient que les français , revenus de Bohême et de Bavière dans un délàbrement affreux , seroient hors d'état de se mettre en campagne. Quel fut leur étonnement et celui de toute l'Europe , en voyant Louis XV marcher en Flandre à la tête de 80 mille hommes , le maréchal de Coigny sur le Rhin avec 50 mille , le duc d'Harcourt avec 10 mille sur la Moselle , et 20 mille en Piémont aux ordres du prince de Conty ?

Campagne de 1744.

Le maréchal de Saxe étoit déjà à Valenciennes le 20 avril : les princes et officiers-généraux y arrivèrent successivement. M. de Penthièvre y arriva les derniers jours d'avril. Le roi partit de Versailles le 3 mai, et la veille de son départ il avoit fait M. de Penthièvre lieutenant-général, qui en conséquence en commença le service à l'ouverture de la campagne, accompagnant toujours le Roi.

Les conquêtes rapides des armées du Roi en Flandre commençoient à étonner l'Europe, et il n'y avoit nul doute qu'elles ne dussent continuer, lorsque le Roi apprit le passage du Rhin et l'entrée du prince Charles en Alsace. Le Roi partit le 19 juillet de Dunkerque, pour aller au secours de cette province, emmenant avec lui M. de Penthièvre, le maréchal de Noailles, le comte d'Argenson, ministre de la guerre, ses aides-de-camp et une partie de l'état-major de son armée ; 26 bataillons et 56 escadrons marchant en même tems en Alsace sur quatre divisions, et avec la plus grande diligence ; le reste de son armée resta avec le maréchal de Saxe.

Le Roi permit à M. de Penthièvre, pendant que ses équipages feroient la route pour se rendre en Alsace, de passer par Paris pour y voir madame la comtesse de Toulouse, qu'il trouva à Lucienne ; où il ne fut pas plutôt arrivé, qu'on apprit que le Roi étoit arrété malade à Metz. Sur le champ M. de Penthièvre repart pour se rendre dans cette ville. Madame la comtesse de Toulouse fait préparer promptement ses équipages pour suivre son fils : mais arrivé à Sillery, près de Rheims, chez le marquis de Puisieux, M. de Penthièvre est saisi de la fièvre, avec des symptômes de la petite vérole ; il en fait avertir la princesse sa mère par un courrier. Elle part aussitôt pour Sillery, où elle trouve M. de Penthièvre beaucoup mieux. Ils partent ensemble, arrivent à Metz, et y trouvent le Roi très-mal. A peine M. de Penthièvre l'eût-il vu que, soit crainte, sensibilité ou toute autre cause, la fièvre le reprend, la petite vérole se déclare, la qualité en est mauvaise, et le prince est dans le plus grand danger. Cependant le ciel le conserve, ainsi que le monarque; les grands accidens cessent, ils entrent tous deux en convalescence, et la France est rassurée sur les jours de son Roi, qui fut surnommé le *Bien-aimé*.

Aussitôt que le Roi fut rétabli, il voulut suivre son projet de joindre l'armée du Rhin, et voyant M. de Penthièvre très-foible encore, il lui ordonna de reconduire à Paris madame la comtesse de Toulouse, et d'y rétablir ses forces. Le Roi partit de Metz, et arriva à Strasbourg le 5 octobre. Il se rendit en personne au siége de Fribourg en Brisgau, commencé par le maréchal de Coigny. L'on sait que malgré la mauvaise saison et une multitude d'obstacles la place fut prise.

Quoique les circonstances ne parussent guères favorables, puisque la guerre éclatoit de toutes parts, madame la comtesse de Toulouse ne s'en occupa pas moins sérieusement à cette époque du mariage de son fils. Une des princesses d'Est, fille du duc de Modène, déjà sa parente de très-près, lui étoit destinée; et le mariage fut célébré le 29 décembre 1744. Jamais union ne fut mieux assortie. La princesse avoit un an de moins que le prince son époux, seule différence qu'il y eût entre eux. La conformité étoit parfaite dans tout le reste; c'étoient les mêmes principes de religion, le même zèle pour leurs devoirs, la même douceur, le même penchant à la bienfaisance. Cette respectable union avoit à peine duré quatre mois, qu'il fallut s'arracher des bras l'un de l'autre, et que la gloire appela de nouveau l'époux dans la carrière des armes.

Campagne de 1745, bataille de Fontenoy.

Depuis plus de soixante ans que s'est passée cette mémorable journée de Fontenoy, il n'y a pas un français un peu jaloux de la gloire de son pays, qui n'aime à en entendre faire le récit, ou à en lire les détails. Comme l'histoire de mon héros s'y attache d'une manière glorieuse, je vais aussi en rappeler le souvenir.

Le roi Louis XV et le Dauphin son fils devoient entrer en campagne et se mettre à la tête de l'armée ; le jeune héritier de la couronne, qui venoit d'être marié en février, alloit aussi, comme M. de Penthièvre, quitter une épouse, premier objet de son affection et de sa tendresse.

M. de Penthièvre partit pour l'armée dans les derniers jours d'avril ; le Roi et le Dauphin partirent le 6 de mai. Le maréchal de Saxe, qui devoit commander l'armée sous les ordres du Roi, étoit arrivé à

Valenciennes

Valenciennes le 15 avril, où il s'occupa à
tout disposer pour l'ouverture de la campagne. Ce grand général étoit hydropique
et dans le fort de sa maladie ; on lui fit la
ponction le 18 avril à cinq heures du matin.

Depuis long-temps on n'avoit vu une aussi
belle armée , composée de plus de 100 bataillons et de près de 160 escadrons de cavalerie , dragons , hussards et troupes lé-
gères ; un équipage d'artillerie de 100 pièces
de canons de campagne ; 87 pièces de siége ,
45 mortiers et 14 pierriers ; et avec cet
appareil formidable , une jeune et brillante
noblesse brûlant du désir de se signaler sous
les yeux du monarque et de l'héritier de
la couronne.

Siége de Tournay.

La tranchée fut ouverte devant la ville
de Tournay la nuit du 30 avril au 1er. mai
1745. Il fut réglé qu'il y auroit tous les
jours pour la garde de la tranchée un lieutenant-général , deux maréchaux-de-camp,

8 bataillons et 4 compagnies de grenadiers ; suivant cet ordre de service, M. de Penthièvre fut de garde à la tranchée à son tour de lieutenant-général.

L'armée des alliés s'étoit assemblée le 28 avril près de Bruxelles, et se mit en marche sous les ordres du duc de Cumberland, pour faire lever le siége de Tournay.

Le 8 mai, le Roi se rendit au château de Chin où étoit marqué son quartier ; le maréchal de Saxe lui rendit compte de ses dispositions. Le 9 au matin, le Roi fut averti que les alliés s'avançoient, et il donna ses ordres en conséquence. Le 9 au soir le Roi alla avec M. le Dauphin voir l'arrangement des troupes ; ils en furent reçus avec de grandes acclamations de joie : ils allèrent ce même soir au château de Calonne, et le maréchal coucha à la Chartreuse. Il fut informé en y arrivant que l'ennemi ouvroit des marches sur Fontenoy et sur Anthoin ; il n'y avoit pas un moment à perdre ; le Roi lui avoit donné tout pouvoir, et il agit en conséquence.

68 escadrons de cavalerie sur deux lignes
sont mis, aux ordres du comte d'Eu, en bataille derrière l'infanterie ; la première ligne
composée des régimens de Colonelle-géné-
rale, de Brancas, Clermont-Prince et de
Fitz-James étoient en bataille derrière les
brigades de la Couronne, de Royale-Cra-
vate ; elle avoit à sa droite, à la hauteur de
la gauche, des dragons, et formoit l'équerre
sur le chemin de Mons, entre la redoute
de la pointe du bois de Barry et la Justice
de Notre-Dame-aux-Bois. Cette première
ligne étoit commandée par le duc d'Harcourt et M. le duc de Penthièvre, lieu-
tenans-généraux ; les marquis de Beuvron,
du Muy et de Mézières, maréchaux-de-
camp ; MM. de la Perouse et le chevalier
d'Ally, brigadiers, étoient employés sur
cette première ligne, et c'étoit à la tête du
régiment de Fitz-James cavalerie, que se
trouvoit M. le duc de Penthièvre, qui chargea un des premiers la colonne anglaise
dès le commencement de l'action. M. de
Penthièvre ne pouvoit pas, tout jeune qu'il

étoit, avoir un meilleur collègue lieutenant-général que le duc d'Harcourt, officier de grande distinction pour l'expérience et la bravoure : messieurs les maréchaux-de-camp et brigadiers employés sur cette ligne étoient tous dignes d'aller de pair; aussi y eut-il une grande harmonie et le concert le plus désirable dans l'exécution.

Indépendamment des officiers-généraux qui étoient chacun à leur poste , M. de Penthièvre étoit toujours accompagné des mêmes officiers qu'à la bataille de *Dettingen*; il en avoit même un de plus, homme expérimenté et très-intelligent , qui lui servoit de premier aide-de-camp, nommé M. de Beauparé , qui avoit été capitaine des gardes de M. le maréchal de Noailles. M. le chevalier de Crénay fut encore blessé à côté de M. de Penthièvre : ses chevaux et ceux des quatre personnes qui l'accompagnèrent dans le combat, reçurent tous des balles dans différentes parties de leur corps.

Le 10 au matin , le Roi et le Dauphin

se rendirent à la tête des troupes ; le maréchal de Saxe y étoit : le Roi lui avoit permis de se tenir dans une voiture d'osier à cause de son état de maladie ; il ne monta à cheval qu'au moment de l'action.

M. de Penthièvre commença la journée de *Fontenoy* comme celle de *Dettingen*, par entendre la messe et communier. Il avoit déjà adressé ses prières au Dieu des armées, et étoit à cheval, lorsque vers les cinq heures du matin le canon commença à tirer de part et d'autre ; les maréchaux de Noailles et de Saxe étoient auprès de Fontenoy, où le maréchal de Noailles montroit au maréchal de Saxe les travaux qu'il avait fait faire à l'entrée de la nuit. Cet homme expérimenté à la guerre, et l'ancien du maréchal de Saxe, sacrifiant la jalousie du commandement au bien de l'état, voulut ce jour-là lui servir de premier aide-de-camp : magnanimité comparable à tout ce que l'histoire peut nous offrir de plus grand en ce genre.

Dès le matin de cette fameuse journée,

se présenta l'aspect le plus imposant et le plus formidable ; le développement de tant de troupes qui se formoient de toute part, annonçoit un combat qui alloit devenir furieux, et qui le fut en effet sous les yeux du monarque des français et de l'héritier de sa couronne.

Le duc de Grammont, qui avoit fait une si grande faute à Dettingen, par une ardeur trop bouillante, fut la première victime de cette grande journée ; un boulet de canon lui fracassa le haut de la cuisse ; il en mourut une heure après.

Le prince de Waldeck, qui commandoit les hollandais, avoit porté sa cavalerie en avant : mais le comte d'Eu, le duc d'Harcourt, et le duc de Penthièvre et le vicomte du Chayla se mirent à la charger avec impétuosité à la tête des brigades de la cavalerie de la droite. Cette charge ferme et vigoureuse, le feu continuel de l'artillerie d'Anthoin et des redoutes eurent un tel succès, qu'un des escadrons ennemis fut emporté presque tout entier par le canon d'Anthoin.

Cependant, leurs boulets tomboient en grand nombre près du Roi et du Dauphin : le Roi disoit au major d'artillerie de les leur renvoyer, et qu'il ne vouloit rien avoir à eux. Le combat devenoit de plus en plus sérieux ; les Anglais firent d'abord un feu roulant si vif et si soutenu, que les gardes-françaises et suisses eurent plusieurs officiers et plus de six cents soldats hors de combat, et que le régiment de Courten, suisse, fut écrasé. L'infanterie, exposée à la violence de ce feu, se vit forcée de se replier ; la brigade des Cravates s'étant portée tout de suite sur les Anglais, ses chevaux ne purent soutenir la flamme et la fumée qui les aveugloit.

L'instant devenoit singulièrement critique ; le régiment d'Aubeterre perdit la moitié de son monde ; le régiment du Roi, conduit par le duc de Biron, s'étant porté sur les Anglais, ils firent sur ce régiment une décharge furieuse, qui lui tua ou blessa

blessa quatre cent soixante tant officiers que soldats. Le duc de Biron eut trois chevaux tués sous lui, et deux blessés.

Les brigades de Royale, de la Couronne et d'Aubeterre étoient retranchées derrière les monceaux de leurs camarades morts. Le maréchal de Saxe commençant à prendre de l'inquiétude pour les personnes du Roi et du Dauphin, fit dire au Roi qu'il le conjuroit de repasser l'Escaut; mais le monarque n'y voulut point consentir. L'armée des alliés, de son côté, souffroit beaucoup aussi de notre artillerie; le duc de Cumberland crut devoir resserrer ses deux lignes, qui formèrent alors un bataillon quarré qui présentoit trois faces pleines. Ce bataillon, composé de l'élite de l'infanterie anglaise et hanovrienne, étoit d'environ 15,000 hommes. Les régimens de notre cavalerie de la gauche eurent ordre de l'attaquer; ils le firent avec la plus grande intrépidité.

Les régimens de Penthièvre et de Noailles ayant à leur tête le comte de Noailles

et le marquis de Cernay se portèrent à leur
tour sur la colonne ; le marquis de Vignacourt, capitaine dans Noailles, donna avec
son escadron sur le flanc gauche. Cet escadron fut détruit dans le premier rang des
Anglais, à l'exception de quatorze cavaliers
qui pénétrèrent avec le brave Vignacourt ;
mais un soldat anglais lui porta un coup de
baïonnette si violent qu'il en mourut peu
de temps après : des quatorze cavaliers , il
n'en resta que dix, qui furent faits prisonniers, et que les Anglais renvoyèrent le lendemain en considération de leur singulière
bravoure. Tous ces corps de cavalerie se
rallioient à cent pas, et revenoient à la
charge ; mais à peine se présentoient-ils
devant la colonne anglaise, qu'il en sortoit
un feu si soutenu, que les chevaux effrayés
emportoient les cavaliers, sans qu'ils pussent en être les maîtres. M. de Penthièvre,
toujours à la tête de la cavalerie , eut à sur-
monter tous ces obstacles : il fut toujours
ferme et inébranlable , conservant par son
sang-froid un coup-d'œil juste , et donnant

des ordres si précis, qu'ils annonçoient toute la tranquillité de son âme.

Enfin arriva le moment de faire un dernier effort pour vaincre cette redoutable colonne anglaise. Quatre pièces de canon furent employées d'une manière décisive ; toute la maison du roi se mit en mouvement : le duc de Richelieu, qui avoit fait pointer les quatre pièces de canon, courut à bride abattue au nom du roi faire avancer sa maison, et se mit à sa tête avec le marquis de Montesson ; le prince de Soubise conduisit les gendarmes ; le duc de Chaulnes, les chevaux-légers ; les marquis de Jumiliac et de Monboissier, les mousquetaires ; le chevalier de Grille, les grenadiers à cheval ; et le comte de Bles, la gendarmerie. Ce mouvement particulier de la maison du roi, bien d'accord avec toute l'armée, produisit un effet admirable ; le tout s'ébranla à la fois pour attaquer le front de la colonne : le Dauphin couroit l'épée à la main à la tête de la maison du roi ; le maréchal de Saxe, oubliant dans ce

moment et sa foiblesse et sa maladie , par-
couroit rapidement la tête des corps qui
devoient marcher sur la colonne , recommandant de ne point faire de fausses charges et d'agir de concert.

Dans ce moment, par un événement des
plus heureux , le comte de Lowendal arrive avec un corps frais d'infanterie pour se
joindre à la gauche du front de bataille ,
qui se met en devoir de faire son mouvement pour attaquer le flanc droit de la colonne ; les quatre pièces de canons que le
duc de Richelieu avoit proposé de pointer
sur la colonne avoient déjà tiré deux fois et
y avoient fait le plus grand ravage ; le maréchal de Saxe avoit recommandé que la
cavalerie touchât les Anglais avec le poitrail
des chevaux ; il fut bien obéi : les officiers
de la chambre du roi chargeoient pêle-
mêle avec les gardes-du-corps et les mousquetaires ; les pages du roi y étoient l'épée
à la main ; tout étoit en action avec une si
exacte égalité , un si grand concert , qu'il
sembloit que la France entière se fût réunie

pour effacer, en un seul moment, l'affront et le souvenir de l'échec qu'elle venoit de recevoir. Toute la cavalerie ayant à sa tête le comte d'Eu et le duc de Penthièvre, princes du sang, et une foule d'autres officiers de valeur et de distinction, le sabre à la main, toute l'infanterie la baïonnette au bout du fusil ; tous les Français dans le même moment et par un accord si parfait et si unanime, chargeant à la fois, mirent enfin cette fameuse et redoutable colonne anglaise en déroute : elle fut foudroyée, et disparut. Dans ce moment si glorieux et si décisif, j'ai dû perdre de vue un instant mon jeune héros. Il étoit dans la mêlée avec les plus braves et les plus distingués parmi les Français, qui, tous égaux en valeur, partagèrent également la gloire de cette mémorable journée.

M. de Penthièvre, qui dès le commencement de l'action avoit combattu à la tête de la première ligne de cavalerie, ne mit presque point d'intervalle entre les différentes charges, que le temps nécessaire pour faire

faire replier les escadrons affoiblis, les rallier et les ramener au combat ; il fut donc continuellement en action, et lorsqu'enfin la victoire fut tout à fait décidée, et qu'il n'y eût plus de rang ni de poste à garder, M. de Penthièvre alla avec autant de modestie que de joie complimenter le roi et le dauphin sur la victoire qu'ils venoient de remporter. Le monarque et son fils l'embrassèrent tendrement, et lui dirent les choses les plus obligeantes et les plus affectueuses.

Dans cette fameuse journée de Fontenoy, où les Français se couvrirent de gloire, on proclama le mérite de chacun en particulier ; mais les éloges sur le jeune duc de Penthièvre portèrent un caractère tout particulier d'estime et d'admiration. On admira surtout cette tranquille fermeté d'âme, cette présence d'esprit qui ne se trouble et ne s'effraie de rien, et attend les événemens avec résignation ; mais qui fait tout pour les déterminer en faveur de la cause qu'il défend, et de la justice pour laquelle il combat.

Ce calme d'âme donnoit à M. de Penthièvre un grand avantage à la guerre. Malgré la défiance qu'il avoit de lui-même, il se permit une fois de faire au maréchal de Saxe quelque observation si juste, que celui-ci en fut frappé ; et l'ayant mise à profit, il dit au roi à ce sujet : « si M. le » duc de Penthièvre veut, il peut devenir » un jour un grand capitaine ; sans y mettre » la moindre prétention, il a bien voulu me » donner un conseil qui annonce du génie » et qui m'a parfaitement réussi : j'avoue » que sans lui je n'y aurois jamais pensé. » La modestie de ce prince cache en lui » des talens précieux, ainsi que de grandes » vertus qui le rendront surtout cher aux » Français. »

On sait que toute cette campagne de 1745 ne fut qu'une suite non interrompue de triomphes. M. de Penthièvre les partagea tous, et servit jusqu'à ce que les troupes entrassent en quartier d'hiver.

Le retour de la campagne de 1745, fut pour M. et madame de Penthièvre un de ces instans heureux pour deux cœurs véritablement grands. Madame de Penthièvre revoyoit dans un époux chéri, seul objet des tendres affections de son cœur, un prince d'autant plus estimable qu'il venoit de s'acquitter avec beaucoup de gloire des devoirs indispensables de son rang et de sa naissance. M. de Penthièvre, de son côté, retrouvoit dans la moitié de lui-même une épouse tendre et chérie, mille fois plus belle à ses yeux qu'au moment où il l'avoit quittée, parce qu'elle étoit embellie de ces charmes aussi touchans que respectables, les signes de la maternité, qui devoient mettre le comble au bonheur de tous les deux.

La princesse accoucha le 21 janvier 1746, d'un prince qui fut nommé duc de Rambouillet. La Cour, la ville, les particuliers même, prirent part à cet heureux événement ; tout le monde voyoit avec plaisir s'étendre la branche des Bourbons (1).

______

(1) Je crois devoir dire ici que si l'auteur de la

L'hiver de 1745 à 1746, ne fut pas moins glorieux aux armes de la France que la campagne qui l'avoit précédé; le maréchal de Saxe étoit resté à Gand, en apparence pour s'y reposer des fatigues de la campagne, et y rétablir sa santé; mais sans que l'on s'en doutât, il y méditoit la plus hardie et la plus importante entreprise dont il soit fait mention dans notre histoire jusqu'alors.

Campagne de 1746; siége de Bruxelles.

Bruxelles fut investi au mois de février 1746, et la place tomba en notre pouvoir, par les savantes combinaisons avec les-

---

prétendue vie de M. de Penthièvre avoit été mieux instruite, et si elle avoit su que madame de Penthièvre étoit accouchée le 21 janvier 1746, elle nous auroit fait grâce de son impertinente fable de la nourrice, et de sa leçon. Je n'en dis pas d'avantage; ceux qui ont vu cet ouvrage en sentiront tout le ridicule.

quelles ce siége fut effectué malgré la rigueur de la saison et d'un hiver dur et âpre ;
mais ce qui paroîtra toujours étonnant ,
est que vingt-huit mille hommes, par différentes marches , se trouvent réunis à
point nommé , et dans le même instant
investissent et forment le siége d'une ville
forte et bien pourvue de munitions de
guerre et de vivres, et défendue par 12,000
hommes de troupes auxquels il ne manque
rien , et qui néanmoins capitulent et se
rendent prisonniers de guerre.

Après cette heureuse expédition, le maréchal de Saxe revint à Gand , et de cette
ville à Versailles et à Paris , jouir un instant de son triomphe, par l'accueil flatteur
que la Cour et la ville lui firent. Ce général repartit de Paris le 15 avril pour Gand ;
et aussitôt après , les princes et officiers-
généraux quittèrent Paris et la Cour pour
se rendre à l'armée, qui s'assembla le 3 mai
en avant de Bruxelles. Le Roi y arriva le 4 ;
M. de Penthièvre l'avoit précédé de quelques jours. Cette nouvelle campagne s'an-

nonce encore par des triomphes. Le Roi qui venoit de faire sa première entrée dans Bruxelles, se rendit ensuite à Anvers; d'où il repartit le 10 juin pour se trouver à Versailles aux couches de madame la Dauphine, qui furent très-malheureuses; cette princesse accoucha le 20 juillet d'une princesse qui vécut peu, et que sa mère suivit de près au tombeau. Cette mort de madame la Dauphine empêcha le Roi de retourner à l'armée.

Cette campagne de 1746 fut employée à plusieurs siéges et prises de villes et de forts; il n'y eut de bataille que celle de Rocoux, près de Liège, le 11 octobre; mais M. de Penthièvre fut privé d'y prendre part, parce qu'étant à Tongres quatre jours avant, il y reçut une lettre du Roi qui lui ordonnoit de partir avec la plus grande diligence pour se rendre à Paris, et de là en Bretagne, où les anglais venoient de tenter une descente. M. de Penthièvre arriva en grande hâte à Paris, alla prendre à Versailles les ordres du Roi, se concerta avec madame de Penthièvre pour qu'elle vînt le joindre en Bretagne, où il y avoit apparence qu'il seroit obligé de rester long-temps, et partit sur le champ pour Lorient, point sur lequel les anglais avoient débarqué. Il étoit nécessaire qu'on lui fit passer des troupes; aussi après la bataille de Rocoux on détacha de l'armée de Flandre 15 bataillons et 9 escadrons pour la Bretagne. Les marquis de Contades, de St.-Pern et de Coëtlogon, officiers-généraux, eurent ordre de se rendre en poste en Bretagne.

Le Roi ne pouvoit donner une plus grande marque de confiance à M. de Penthièvre, âgé seulement alors de 21 ans, que de lui confier la sûreté et la défense de la Bretagne, dans un temps où les ennemis menaçoient cette grande étendue de côtes qu'il étoit si important de surveiller. M. de Penthièvre fut affligé en arrivant à Lorient d'y trouver toutes les choses dans le plus mauvais état. Les fortifications en délabrement, des pièces de canons sur des affûts brisés, d'autres absolument démontées et les pièces couvertes de l'herbe des remparts. M. de Penthièvre mit la plus grande diligence à faire tout réparer, et fit travailler avec activité, encourageant tout le monde par des largesses et des récompenses : aussi tout fut-il remis bientôt dans le meilleur état de défense.

Voilà donc M. de Penthièvre placé sur un nouveau théâtre de gloire, et dans son véritable élément. Gouverneur de toute la Bretagne, et revêtu de tous les pouvoirs pour en assurer la défense et la tranquillité, ces grands objets remplirent entièrement le cœur de notre jeune prince : il s'y livra avec tout le zèle de sa grande âme ; il se fit rendre compte de la manière dont se faisoit le service pour la sûreté des côtes ; il les parcourut, les examina avec soin, donna des éloges et des encouragemens à ceux qui le méritoient, indiqua les changemens et les augmentations qu'il crut nécessaires, recommandant partout l'exactitude, la discipline et le bon ordre ; son ton, ses manières, sa politesse, sa douceur , son affabilité enchantoient tout le monde ; l'on n'avoit jamais vu de commandant semblable , et la pensée que c'étoit le gouverneur en chef , un prince du sang et le grand-amiral qui se montroit si attentif , si doux et si aimable , ajoutoit encore à la vénération pour sa personne. Quel contraste de son langage avec celui qui se parloit ordinairement sur les bords de la mer ! les subalternes en étoient un peu déconcertés ; mais , flattés eux - mêmes de se voir traités avec tant d'égards et de politesse , ils se voyoient presque forcés d'en avoir pour les autres.

M. de Penthièvre ne laissoit aucune marque de zèle , d'intelligence sans récompense , et prodigua partout les encouragemens. Comme ses pouvoirs s'étendoient sur toutes les côtes, il parcourut et visita celles de la Normandie. Il donna aussi tous ses soins aux troupes de ligne arrivées de l'armée de Flandre, qui furent disposées conjointement avec les gardes-côtes et les régimens de la province , afin d'agir de concert, en cas d'attaque, et de se trouver à portée de secourir tous les points où l'ennemi pourroit se présenter.

La Bretagne avoit alors une organisation militaire toute différente de celle des autres provinces. Elle avoit huit régimens, chacun de dix compagnies de gentilshommes, dont les officiers étoient par élection, à la réserve des colonels pourvus par le Roi, et qui étoient des gens qualifiés du pays. Ces régimens étoient celui de Rennes, de Nantes, de Vannes, de St.-Malo, de St.-Brieux, de Tréguier, de Léon et de Quimper. Une organisation semblable exigeoit dans un gouverneur des principes et une attention toute particulière. Combien de prudence et de sagesse ne falloit-il pas pour contenir des gens naturellement turbulens et extrémement jaloux de leurs privilèges ! C'est ce que fit cependant M. de Penthièvre, tout jeune qu'il étoit, avec le plus grand succès. La Bretagne prit tout à coup une face nouvelle ; la confiance et la sécurité s'y rétablirent ; on se persuada qu'il n'y avoit plus rien à craindre de la part des ennemis, et que tant que l'on auroit le bonheur de posséder un tel gouverneur, la Bretagne seroit heureuse et tranquille ; mais la joie des Bretons fut à son comble, lorsque l'on vit arriver à Rennes madame la duchesse de Penthièvre, accompagnée de mesdames la marquise de Saluces et la comtesse de Clermont-Gallerande.

Ce fut sous ces heureux auspices que s'ouvrit l'assemblée des États de la province de Bretagne, qui pour la première fois furent présidés par le gouverneur, jeune prince de 22 ans, qui y fit voir toute la prudence, la discrétion, la maturité et la sagesse d'un homme formé par l'âge et l'expérience dans le maniement des grandes affaires.

Les Bretons parurent avoir oublié leur vivacité naturelle et ce caractère bouillant qui les distinguoient de leurs voisins : tant la sagesse et les vertus ont d'empire sur les cœurs et sur les esprits. Il ne s'éleva pas dans cette tenue d'états le plus petit nuage.

Les intérêts de chaque particulier et ceux du Roi y furent discutés et fixés à la satisfaction générale.

Après la tenue des états et lorsque les côtes furent mises en sûreté sur tous les points, M. de Penthièvre voulut examiner l'intérieur de la province, connoître l'industrie des habitans, le commerce, l'agriculture, les productions territoriales et les manufactures; et pour cela il montoit tous les jours à cheval et faisoit de longues courses, le plus souvent en gardant l'*incognito*, afin de parler plus librement aux personnes qu'il vouloit questionner ou dont il attendoit des instructions.

Si l'arrivée en Bretagne de M. et de madame de Penthièvre y avoit été une époque d'enthousiasme et de joie, leur séjour y fut un temps de fête et de bonheur qui fit oublier bientôt tout ce que la guerre avoit de fâcheux à supporter dans un pays sans cesse menacé de l'ennemi : mais grâces aux mesures prises par le gouverneur et à la sage activité de son administration, les Anglais cessèrent

cessèrent de se montrer, et renoncèrent au projet d'attaquer une province que tout concouroit à défendre si puissamment.

La tenue des états étant finie, M. et madame de Penthièvre partirent de Rennes pour se rendre à Nantes, où la présence du prince étoit nécessaire. Ils furent reçus dans ce nouveau séjour avec les mêmes témoignages d'affection ; partout ils portoient avec eux le bonheur et la joie.

Madame la duchesse de Penthièvre, qui approchoit de la fin de sa seconde grossesse, partit de Nantes pour revenir à Paris au mois de juillet, et M. de Penthièvre retourna sur les côtes de la Bretagne et de la Normandie, pour y maintenir le bon ordre qu'il y avoit établi.

Ces diverses occupations l'empéchèrent de prendre part à la campagne de 1747, et de partager la gloire de la bataille de Lawfeld ; mais il n'en servoit pas moins utilement l'état ; et cette pensée suffisoit pour le consoler.

Madame de Penthièvre accoucha de son second enfant, qui fut nommé prince de Lamballe, le 6 septembre. Le Roi revint de l'armée le 26 du même mois; Sa Majesté eut l'attention en arrivant d'envoyer chez madame de Penthièvre savoir de ses nouvelles et de celles de l'enfant. M. de Penthièvre étoit encore en Bretagne, qu'il ne quitta que lorsqu'il n'y eut plus rien à craindre.

Pendant l'hiver de 1747 à 1748, M. de Penthièvre fut incertain de ce qu'il feroit la campagne suivante. Déjà le public le désignoit pour le commandement d'une armée particulière, en cas que la guerre continuât; mais les savantes manœuvres du maréchal de Saxe, pour investir la ville de Maëstrick, sans que les alliés s'en doutassent ou qu'ils pussent s'y opposer, amenèrent enfin une paix si désirée et si nécessaire.

PAIX DE 1748.

Cet événemeut rendit la tranquillité à toute la France. M. et madame de Penthièvre en furent d'autant plus réjouis que les dépenses considérables de la guerre les empêchoient de suivre leur penchant naturel à la bienfaisance. Le traité de paix de 1748 leur procura encore une double satisfaction, par le rétablissement de M. le duc de Modène dans ses états, qu'il avoit perdus dans cette guerre pour avoir pris les intérêts de la France ; et nos tendres époux virent cette même année leur famille s'augmenter encore d'un prince, par la naissance d'un troisième fils, le 17 novembre de cette année, qui fut nommé duc de Châteauvillain.

M. et madame de Penthièvre fixoient les regards de tout le monde par leur admirable union et leur accord parfait dans la pratique de toutes les vertus.

Comme leur séjour le plus ordinaire étoit

Rambouillet, le Roi, la Reine, le Dauphin et la Dauphine, et Mesdames de France y alloient souvent. Il étoit bien doux et bien flatteur pour M. et madame de Penthièvre de se voir visités et recherchés par toute la famille royale, qui faisoit mille caresses à leurs enfans ; bonheur des belles âmes, image des mœurs antiques et patriarchales ! Mais bientôt ce bonheur éprouva une altération sensible : le duc de Rambouillet, l'aîné de leurs enfans, mourut le 13 de novembre 1749, âgé de trois ans. Sept mois après, la naissance d'un autre prince compensa en quelque sorte une perte si douloureuse : madame la duchesse de Penthièvre accoucha le 22 juin 1750 du comte de Guimgamp.

1751.

Le 18 octobre, madame la duchesse de Penthièvre accoucha d'une princesse qui fut nommée mademoiselle de Penthièvre. Le 14 mars 1752, mourut le comte de Guimgamp, âgé d'un an et huit mois.

1753.

Le 23 janvier de cette année mourut madame la duchesse du Maine, âgée de 76 ans ; elle fut conduite à sa sépulture, à Sceaux, par madame la duchesse de Penthièvre, qui alors étoit grosse, et qui accoucha le 13 de mars 1753 d'une seconde fille, mademoiselle de Penthièvre, depuis madame la duchesse d'Orléans, la seule qui existe maintenant de toute cette auguste famille, et dont la destinée est de retracer au monde l'exemple des plus rares vertus. Ce fut six mois après la naissance de mademoiselle de Penthièvre, que mourut à Versailles, le 25 septembre, sa sœur, âgée d'un an et onze mois ; ce qui n'étoit que le prélude de l'événement funeste que je vais rapporter.

1754.

Dans le cours de la grossesse de madame de Penthièvre il parut des symptômes si-

nistres et alarmans, que les médecins re-
connurent et durent craindre, n'ignorant
pas sa grossesse. De grands accidens pouvoient être la suite de cet état ; cependant
on se flattoit de quelque crise salutaire, et
l'on flottoit entre la crainte et l'espérance,
lorsque Dieu en décida. Madame de Penthièvre, martyre de la maternité, accoucha
et mourut le 30 avril 1754. L'enfant, qui
étoit un prince, vécut jusqu'au lendemain :
on le nomma, au baptême, Louis-Marie-
Félicité. La mère et l'enfant, conduits par
madame la marquise de Saluces, furent
transportés à leur sépulture à Rambouillet,
le 3 mai. La Cour prit le deuil pour onze
jours ; mais ce deuil fut universel dans tous
les cœurs ; tout le monde regretta cette aimable princesse, âgée seulement de 27 ans
et six mois. Dès l'instant que l'on sut dans
Paris qu'elle étoit en danger, un concours
prodigieux se porta à l'hôtel de Toulouse
pour en savoir des nouvelles ; on fut obligé
d'établir un grand nombre d'écrivains sous
toute la longueur du péristyle de la grande

cour pour multiplier le bulletin de l'état de la maladie, satisfaire à l'empressement du public, trois fois le jour et datés de la dernière heure que les médecins les avoient donnés. Depuis les Grands jusqu'au peuple, tous faisoient des vœux ardens pour la conservation de cette jeune princesse, la mère des pauvres, et qui paroissoit ne respirer que pour leur soulagement.

La nouvelle de sa mort répandit une consternation générale; le travail des écrivains changea d'objet : à peine suffisoient-ils à écrire les noms de ceux qui se présentoient en foule pour témoigner leur douleur et leurs regrets. Il sembloit à cet empressement général que l'ont fût frappé d'une calamité publique. Au moment où le convoi funèbre partit de l'hôtel de Toulouse, toute la place des Victoires se trouva couverte d'une foule immense ; la tristesse étoit peinte sur toutes les figures, et les larmes couloient de tous les yeux. Tel est donc l'empire de la vertu sur tous les cœurs! jamais du mien ne s'effaceront les impressions que produisit alors ce spectacle attendrissant. Le premier gentilhomme de la chambre de M. le duc de Penthièvre reçut à l'occasion de la mort de cette princesse, tant des provinces de France que des Cours étrangères, une quantité prodigieuse de lettres, pour le prier de faire connoître à ce prince la part que l'on prenoit généralement à la perte irréparable qu'il venoit de faire.

Je me garderai bien d'essayer de peindre l'état affreux où se trouva M. de Penthièvre à la mort de son épouse; cela est trop au-dessus de mes foibles moyens. Pour en donner au moins une idée, j'attesterai, comme témoin occulaire, que trente ans encore après, cet homme incomparable ne pouvoit prononcer le nom de son épouse, sans que l'on vît ses yeux baignés de larmes.

Après un coup aussi terrible porté au cœur de M. de Penthièvre, il eut besoin de s'éloigner des lieux et des objets qui lui rappeloient de trop cruels souvenirs. Dans cette triste situation, il se décida à voyager.

pendant quelque temps ; et ce fut en Italie qu'il crut devoir aller chercher quelques distractions à sa profonde douleur ; il résolut de faire ce voyage *incognito*, sous le nom de comte de Dinan, nom d'une ville de Bretagne dont il étoit seigneur. Néanmoins la magnificence de ses équipages et de son cortége trahissoit, malgré lui, l'éclat de son rang, et annonçoit un prince de la Maison de France.

1754.

VOYAGE D'ITALIE.

Quand on sut à Paris que M. de Penthièvre alloit en Italie, on s'épuisa en conjectures sur le motif réel de ce voyage. Les uns prétendoient que le but de M. de Penthièvre en allant à Rome étoit d'entrer dans le sacerdoce, et d'en rapporter le chapeau de cardinal ; d'autres au contraire vouloient que ce fut pour solliciter auprès du Pape une dispense pour épouser sa belle-sœur, la princesse Mathilde, troisième fille du duc de Modène. Voilà l'origine de la fable ridiculement imaginée par l'auteur que nous avons déjà citée, et que les faits vont complétement réfuter.

Lorsque M. le duc de Penthièvre arriva à Rome, la France y avoit pour ambassadeur M. le comte de Stainville, si célèbre depuis sous le nom de duc de Choiseul. Ce fut à son palais que descendit et logea M. de Penthièvre. Tout y étoit préparé. En conséquence, ce prince trouva dans la magnificence, les égards et les attentions de l'ambassadeur de France, tout ce qu'il put désirer pour lui rendre le séjour de Rome agréable; aussi le prince en conserva toute sa vie beaucoup de reconnoissance.

Le souverain pontife qui occupoit alors la chaire de S. Pierre, étoit Benoit XIV, Prosper Lambertini, illustre pape, dont le long pontificat a été marqué par une infinité de choses qui doivent honorer sa mémoire. Avec de grandes qualités, Benoit XIV étoit l'homme du monde le plus aimable et le plus spirituel. Né à Bologne en 1675,

il monta sur le saint Siége en 1740 et
l'occupa jusqu'en 1758. Ce pontife fit à
M. de Penthièvre l'accueil le plus gracieux
et le plus flatteur ; non-seulement à cause
de son rang et de sa naissance, mais à
cause de son mérite personnel, de ses
rares vertus et du malheur qu'il venoit
d'éprouver. Benoit XIV recevoit toujours
M. de Penthièvre avec une distinction particulière, et il le voyoit fréquemment et
familièrement. Un jour que M. de Penthièvre alla faire sa cour au pontife, il le
trouva un peu échauffé d'une dispute qu'il
venoit d'avoir avec le cardinal vicaire ; le
pape regardant M. de Penthièvre, lui dit :
*je suis toujours enchanté de vous voir, cher
prince ; mais fâché que vous me trouviez
dans cette position*, et se retournant vis-
à-vis de son crucifix, *mon Dieu*, dit-il,
que vous et moi sommes mal en vicaire!
On a recueilli une infinité de saillies agréables, de belles pensées, de bons mots de
ce grand pontife ; mais ce dernier trait,
qui n'a eu pour témoin que M. de Pen-

thièvre, a probablement échappé jusqu'ici aux compilateurs d'anecdotes.

De Rome, M. de Penthièvre alla à Naples, avant que de se rendre à Modène, qui fut le terme de sa tournée en Italie. C'est ici que commence le roman de madame G. sur les amours prétendus de M. de Penthièvre avec la princesse Mathilde, sa belle-sœur. Il est fâcheux qu'un seul mot suffise pour renverser ce bel édifice : mais malheureusement le mot est sans réplique. Madame la duchesse de Modène n'étoit point alors en Italie. Elle faisoit, et a fait jusqu'à l'époque de sa mort, en 1761, sa demeure à Paris, au petit Luxembourg ; et c'est là qu'elle reçut la visite du Roi et de la Reine, lors de la mort de madame de Penthièvre, sa fille ; comme l'attestent tous les ouvrages périodiques du temps.

1765.

La belle âme de M. de Penthièvre s'affligeoit des malheurs publics comme de

ses

ses maux particuliers. Nous avons vu toute la douleur qu'il ressentit en 1757, lors de l'assassinat de Louis XV; il ne fut pas moins sensible à la mort de Louis dauphin son fils, qui mourut à Fontainebleau le 20 décembre 1765. Frappé de cette dernière mort, il ne cessoit de dire : c'est une grande perte pour la France ; une autre fois : on ne sait pas ce que l'on pert! La situation où se trouvoit madame la Dauphine, dont il admiroit les vertus , et qui lui rappeloit tant l'épouse qu'il avoit perdue , parce qu'il y avoit beaucoup de ressemblance entre ces deux princesses, affectoit surtout l'âme de M. de Penthièvre. La princesse ne put survivre long-temps à son époux ; Marie-Joseph de Saxe, âgée de 36 ans, mourut le 13 de mars 1767.

Dans les années 1765, 1766 et 1767 on ne vit que deuils à la Cour et à Paris : celui du Dauphin qui fut de six mois ; du Roi de Pologne Stanislas, père de la Reine, qui mourut le 23 février 1766. Son deuil fut aussi de six mois. En voici un autre plus particulier pour M. de Penthièvre, madame la comtesse de Toulouse sa mère mourut le 30 septembre 1766, âgée de 78 ans. M. de Penthièvre, qui l'avoit toujours tendrement aimée, en fut vivement touché. Quelle devoit être la situation de son âme ; il ne voyoit que des images de mort qui sembloient le préparer à celui de tous les événemens qui devoit le plus déchirer son cœur.

1767.

Mariage et mort du prince Lamballe.

La déclaration du mariage de M. le prince de Lamballe avec Marie - Thérèse Louise de Carignan se fit le 7 janvier 1767, et la signature du contrat eut lieu à Turin, le 17 janvier. Elle arriva à Montreau le 30, et le 31 à Nangis, où se fit la cérémonie du mariage, et le même jour au soir à Paris. La veille de l'arrivée de la princesse à Montreau , M. de Penthièvre et M. le prince de Lamballe arrivèrent à Nangis, accompagnés des personnes qui devoient assister à la cérémonie ; le soir M. de Lamballe fut à Montreau en qualité de simple gentilhomme, pour complimenter la princesse, et lui remettre un bouquet de la part de M. le prince de Lamballe ; lorsque l'on annonça ce message à la jeune princesse, son cœur en tressaillit, et elle éprouva une vive sensation : de son côté le jeune prince eut bien de la peine à soutenir son personnage ; néanmoins l'*incognito* fut gardé, et le jeune prince, comme on en étoit convenu, revint sur-le-champ rejoindre son père à Nangis.

Le lendemain de bonne heure, tout fut disposé pour aller au-devant de la princesse, qui arriva à Nangis où le mariage fut célébré. Après le déjeûner, on partit de cette ville pour Paris où l'on arriva à huit heures du soir. L'hôtel de Toulouse ne pouvant être illuminé parce que M. de Penthièvre étoit en deuil de sa mère, l'intérieur étoit éclairé de lampions et d'une immense quantité de bougies.

L'instant après l'arrivée de M. de Penthièvre et des deux jeunes époux , tous les
princes du sang vinrent à l'hôtel de Toulouse pour complimenter la jeune princesse de Lamballe ; et bientôt une foule immense de grands seigneurs et de dames.
Il y eut un souper splendide d'environ cent
trente couverts en trois tables. On remarqua à cette occasion qu'il y avoit long-
temps que l'on n'avoit vu tous les princes du
sang à la même table ; on y comptoit le duc
d'Orléans et le duc de Chartres ; le prince
de Condé et le duc de Bourbon ; le prince
de Conti et le comte de la Marche ; le comte
de Clermont et le comte d'Eu. Presque tout
ce qu'il y avoit de grands seigneurs et de
dames distinguées se trouvèrent à ce souper. Toutes les parures d'hiver tant des
hommes que des femmes étoient éblouis-
santes et couvertes de diamans. Rien enfin
ne manqua à ce magnifique repas, que la
gaieté dont il sembloit devoir être sus-
ceptible. Les personnes mêmes les plus
connues pour leur enjouement, n'eurent

point dans cette circonstance leur gaieté ordinaire.

La jeune princesse se trouvoit là dans un monde bien nouveau pour elle ; car à Turin elle n'avoit jamais eu l'occasion de voir autant de magnificence que lui en montroit la France le premier jour de son arrivée ; mais tout cela n'étoit pas du bonheur. Elle ne tarda point à être présentée à la Cour, où son entrée précéda celle de deux autres princesses de son propre sang, qui bientôt y devoient remplir comme elle les premières places, et y éprouver aussi de grands revers.

Les circonstances du mariage de M. le prince de Lamballe présentèrent différens incidens d'assez mauvais présage ; l'on dit alors que les dames de la Cour de Turin qui avoient accompagné la princesse sur la frontière de France, en s'en retournant trouvèrent tant de neige pour repasser le Mont-Cenis, qu'ayant été obligées dans plusieurs endroits de descendre de voitures , elles en éprouvèrent un si grand froid que quelques-unes en moururent.

Dans les premiers jours du mariage, un filou, en plein jour et à l'heure du dîner, s'introduisit dans l'appartement de M. le prince de Lamballe, et y vola deux flambeaux d'argent. Quelques jours avant on en avoit déjà volé un chez M. de Penthièvre, qui n'avoit pas voulu que l'on fît de recherches ; mais cette fois le prince crut devoir en prévenir M. le lieutenant de police, c'étoit M. de Sartine; on se souvient encore du génie et des grands moyens que ce magistrat avoit pour remplir une charge aussi délicate qu'importante avec autant d'adresse. Il vint tout de suite lui-même à l'hôtel de Toulouse pour y prendre les premières informations. On lui donna quelques indices, et il ne lui en fallut pas d'avantage ; il donna des ordres si précis, et mit des gens si adroits à la recherche des objets volés, que dans la nuit suivante le voleur et les flambeaux étoient déjà en son pouvoir.

Dès le matin, M. de Sartine vint instruire M. de Penthièvre du succès de ses
recherches ; mais quelle fut l'affliction de
ce bon prince en apprenant que le voleur
avoit un nom connu ; qu'il étoit parent de
plusieurs familles distinguées, tant à Paris
qu'en province, et connu même de personnes de sa maison.

Quel parti prendre cependant pour qu'un
vol de cette nature restât impuni, le voleur
étant dans les mains du magistrat de la police ; M. de Penthièvre le désiroit et le demandoit avec empressement. M. de Sartine
vouloit faire sa charge, et soutenoit que la
punition étoit nécessaire : oui, monsieur,
lui disoit le bon prince, je sais qu'il faut
arrêter le brigandage, et que la punition est
utile ; mais je vous demande en grâce, monsieur, qu'elle ne soit pas publique ; et si
vous le jugez nécessaire pour votre devoir
j'irai demander au roi que cette malheureuse affaire ne soit pas portée en justice
à cause de la circonstance du mariage de
mon fils, que je vous prie de prendre en

considération, ainsi que la peine que vous voyez que j'éprouve! Le magistrat, touché de la sensibilité du prince, et pénétré d'ailleurs de vénération pour sa personne, s'y prit de manière que ce vol ne fit point d'éclat; mais il n'en purgea pas moins la société d'un filou dangereux, et lui ôta les moyens de continuer un pareil genre de vie.

Ainsi des jours qui n'auroient dû donner que de la satisfaction à M. de Penthièvre, devenoient pour lui une source d'amertume et de chagrins; ce qui étoit pour les autres joie et délices, se convertissoit pour lui en contrariétés et en désagrémens.

Je dois surtout désirer dans la composition de ces mémoires de présenter mon prince sous ses traits naturels : je dois me pénétrer ici de son esprit de douceur et de modération; l'aigreur, le dédain, le mépris, les injures, les sarcasmes ne lui furent jamais connus; jamais il n'en fit usage contre qui que ce fût; jamais la haine ou l'envie ne souillèrent sa belle âme; gardons - nous donc de réveiller les bruits calomnieux qui coururent à l'occasion de la mort de ce fils. Je n'ai pas besoin pour élever les vertus du père et déplorer le sort du fils, de jeter des doutes ou de diriger des inculpations sur personne. M. le prince de Lamballe eut le malheur de faire un mauvais usage des premiers jours de sa liberté; il fut attaqué d'un poison dont les progrès et les suites lui furent funestes.

Les écarts de ce jeune et trop malheureux prince furent bientôt expiés par des angoisses et des souffrances horribles qu'il supporta avec un courage, une constance et une résignation admirable. Le vénérable vieillard de 89 ans que j'ai déjà eu occasion de citer, étoit à Lucienne; et c'est dans ses bras que le jeune prince mourut. « Ce fut moi, me mande-t-il à cette occasion, qui empéchai la princesse son épouse et mademoiselle de Penthièvre d'entrer dans la chambre du prince mourant. » Cela contredit un peu ce que rapporte l'auteur des Mémoires prétendus de madame de Lamballe.

M. le prince de Lamballe montra à sa mort que les principes de religion qu'il avoit reçus dans son éducation n'étoient pas restés stériles dans son cœur : il édifia tous ceux qui le virent demander à Dieu, dans ses angoisses, de le punir dans son corps, pour sauver son âme.

Ainsi mourut à Lucienne, le 6 de mai 1768, à l'âge de 20 ans, et après quinze mois seulement de mariage, Louis-Alexandre, etc. prince de Lamballe.

Ce jeune prince annonçoit les plus heureuses dispositions, et d'excellentes qualités ; il montroit beaucoup de goût pour l'art militaire : déjà il avoit un régiment d'infanterie qu'il affectionnoit beaucoup ; il étoit bon et bienfaisant comme son père ; aimable et affable comme lui ; à son exemple, il avoit adopté des familles indigentes, il cherchoit à connoître celles que la honte de dévoiler leurs besoins rendoit plus malheureuses et plus intéressantes encore. La mort cruelle de ce jeune prince laissoit un assez grand nombre d'infortunés qui, n'existant que de ses bienfaits, n'auroient pu se consoler de sa perte, si son généreux père n'eût sur-le-champ ratifié leur adoption, en les traitant de même que ses propres pauvres. Ah! peut-on mieux déplorer la perte d'un fils, qu'en essuyant les larmes des malheureux qui le pleurent aussi, et qu'en reportant tout l'amour qu'on avoit pour lui sur sa veuve, et sur les infortunés que ce fils faisoit subsister!

Ainsi se voir séparée de sa famille, arriver du Piémont en France, être mariée, devenir veuve, tout cela ne fut qu'un rêve pour la jeune et aimable princesse de Lamballe! Que va-t-elle devenir, disoit-on dans le monde! Il fut un moment question que Louis XV l'épouseroit. Non, non, elle a perdu son mari, mais il lui reste un beau père pour qui elle va devenir un véritable enfant, et qui sera pour elle le père le plus tendre et le plus généreux.

Tout le monde a rendu justice à la grandeur et à la noblesse de la conduite de M. de Penthièvre à l'égard de sa belle-fille ; il n'auroit pas pu en faire d'avantage pour son propre enfant ; aussi disoit-il à ce sujet, après le mariage de sa fille : « ma fille en suivant sa destinée a passé dans une autre maison et m'a quitté ; mais ma pauvre belle-fille est venue la remplacer dans la maison paternelle en épousant mon fils ; elle l'a perdu, c'est moi maintenant qui doit lui tenir lieu de tout. »

Comme je m'impose le devoir de rapporter dans ces Mémoires tout ce qui peut concerner madame la princesse de Lamballe, je dirai sur elle tout ce qui est parvenu à ma connoissance. Aussitôt après la mort de son mari, cette princesse se retira à l'abbaye de S. Antoine, pour y passer les premiers temps de son veuvage, et éviter à son beau-père le chagrin d'avoir continuellement sous les yeux un objet qui lui rappelât trop cruellement la perte d'un fils si cher.

Mademoiselle

Mademoiselle de Penthièvre de son côté contribuoit à adoucir l'amertume des chagrins de sa belle-sœur, et il étoit bien satisfaisant pour M. de Penthièvre de voir régner la bonne intelligence entre deux jeunes personnes qui lui devenoient si chères.

M. de Penthièvre, toujours attentif à tout ce qui pouvoit faire le bonheur des autres et de ses proches, revendit la maison qu'il avoit à Puteaux pour en avoir une à Passy, plus près de Paris, afin que les deux princesses, ses enfans, pussent s'y réunir plus commodément avec une société convenable pour s'y amuser innocemment. C'étoit là qu'avec l'agrément et sous les yeux d'un tendre père, une charmante jeunesse dansoit et folàtroit pendant qu'il méditoit et prioit Dieu. Ce père pieux n'étoit sérieux et austère que pour lui-même ; il savoit que la jeunesse a besoin de gaieté et d'un amusement honnête et innocent : il appeloit en plaisantant les princesses, les pompes du siècle. Madame

De Lamballe étoit naturellement très-en-
jouée : il lui disoit quelquefois , Marie la
folle , combien avez-vous dansé de contre-
danses ?

1769.

Mariage de Melle. de Penthièvre.

Le premier janvier 1769 , fut déclaré le
mariage de mademoiselle de Penthièvre
avec le duc de Chartres ; et la célébration
s'en fit à Versailles le 5 avril suivant.

1770.

Troubles de Bretagne.

L'année 1770 est très - remarquable par
les différens événemens qui en remplirent
le cours. Comme M. le duc de Penthièvre
avoit un rang considérable dans l'État, il
est convenable de rappeler les événemens
politiques auxquels il prit part. Dès les
années 1764 et 1765 , des troubles avoient
éclaté dans la province de Bretagne , dont
il étoit gouverneur ; mais ces troubles lui

furent heureusement étrangers. Il avoit laissé cette province, en 1747, dans le meilleur état et sans le moindre germe de dissensions ni de troubles ; dix ans après on en vit naître qui eurent des suites très-fâcheuses. En 1765, le Parlement de Rennes fut suspendu dans l'exercice de ses fonctions ; l'agitation s'empara des esprits ; mesures de rigueur de la part de l'autorité, et manque de soumission de la part des sujets ; deux hommes se distinguent particulièrement sur la scène, et enflamment tous les esprits de leur animosité particulière : MM. d'Aiguillon et de la Chalotais, le premier, lieutenant-général et commandant dans la province, et l'autre procureur-général du parlement de Bretagne, ennemis jurés, et dont la haine mutuelle avoit, suivant le public, pour cause un bon mot : tant l'arme du ridicule fait des plaies profondes, et peut amener de cruelles vengeances !

En 1758, une flotte anglaise avoit fait une descente à St.-Cast, près de St.-Malo ; le duc d'Aiguillon, qui commandoit dans le pays, marcha à la tête de la noblesse bretonne et de quelques bataillons de milices, et força, dit-on, les Anglais à se rembarquer avec une perte considérable. On parla diversement de cette expédition ; les uns la vantèrent beaucoup, et d'autres la présentèrent sous un jour tout opposé. La malignité, la médisance, ou peut être la calomnie répandirent que le général s'étoit caché dans un moulin. Dans une société où l'on parloit de cette affaire, quelques-uns dirent que le général en étoit revenu couvert de gloire, *et de farine*, ajouta un mauvais plaisant. On ne manqua pas d'envenimer encore le prétendu bon mot, en le rapportant, comme c'est l'usage ; et telle fut l'origine qu'on supposa aux troubles de la Bretagne. Jamais querelle de particuliers n'eut des suites aussi cruelles, comme tout le monde sait, et peut-être a-t-elle contribué avec tant d'autres causes à notre grande révolution.

M. de Penthièvre, qui aimoit sincèrement la Bretagne, ne pouvoit que gémir de ces dissensions; mais le remède n'étoit pas en son pouvoir, et son caractère l'éloignoit naturellement de tout ce qui altéroit la paix et la concorde.

Cependant le parlement de Paris commença une procédure relative à l'affaire de MM. d'Aiguillon et de la Chalotais; le Roi tint la cour des Pairs à Versailles, ensuite un lit de justice; et après *il* vint en son parlement à Paris, le 3 septembre, pour y retirer toutes les pièces concernant toujours cette même affaire; ce qui donna encore lieu le 7 décembre à un autre lit de justice à Versailles. Enfin par suite de ces troubles, le 24 décembre, le duc de Choiseuil, ministre, fut exilé à Chanteloup en Touraine, et le duc de Praslin à sa terre de Vaux près de Melun, et l'on demanda à l'un et à l'autre la démission de leurs charges.

Les troubles continuèrent en 1771. La nuit du 21 au 22 janvier tout le parlement de Paris fut exilé en différens lieux du royaume; leurs offices de président et conseillers, acquis et confisqués, déclarés vacans et impétrables aux parties casuelles ; défense de prendre dans aucuns temps lesdites qualités, par arrêt du conseil d'état du roi du 20 janvier. Le 24 janvier, les conseillers d'Etat et maîtres des requêtes furent tenir le parlement à Paris et y furent installés par le chancelier Maupeou. Toutes ces nouveautés agitèrent singulièrement Paris et les provinces, le corps de la magistrature tenant à une si grande quantité de monde.

Deux illustres étrangers arrivèrent dans ce temps-là à Paris, et y firent quelque diversion à ces troubles déplorables ; c'étoient le prince royal de Suède et le prince Adolphe son frère, qui furent présentés au roi le 9 de février 1771 ; ce premier, sous le nom de comte Gothland, et le second sous celui de comte d'Oeland. M. le duc de Penthièvre leur donna un magnifique souper ainsi qu'au roi de Dannemarck ; madame la princesse De Lamballe en fit les honneurs.

Les affaires de la magistrature continuoient d'occuper les esprits et d'agiter l'État. Un édit porte la création de six conseils supérieurs : à Arras, Blois, Châlons, Clermont-Ferrand, Lyon et Poitiers; par autre lit de Justice à Versailles, le 13 avril, un nouveau parlement fut créé à Paris, et le grand conseil et la cour des aides furent supprimés : les princes, qui étoient dans l'usage d'assister aux lits de justice ne se trouvèrent pas à ce dernier, savoir : MM. les ducs d'Orléans, de Chartres, les princes de Condé, de Conti, le duc de Bourbon et le comte de Clermont; il n'y eut que le comte de La Marche qui y assista. Le roi fit défendre aux six princes que je viens de nommer, de venir à Versailles jusqu'à nouvel ordre de sa part, pour avoir protesté contre tout ce qui devoit se faire au lit de justice; et cette défense dura près de deux ans; en conséquence, ces princes n'assistèrent point au mariage de M. le comte de Provence, qui se fit le 14 mai 1771 avec Marie Joseph de Savoie.

Trois hommes sortis du corps de la magistrature s'en montrèrent les ennemis les plus déclarés ; MM. de Maupeou, de Boyne et l'abbé Terray. Dans le courant de 1774 tous les Parlemens et Cours souveraines du royaume furent cassés et d'autres récréés en leur place sur un nouveau plan et avec une organisation différente ; tout cela, avec l'espèce de disgrâce des princes, mettoit une multitude de grandes familles dans le trouble et l'agitation tant à Paris que dans les provinces ; tristesse pour les uns et sujets de mauvaises plaisanteries pour les autres ; et suivant l'esprit français de ce temps-là, les brochures, les pamphlets, les épigrammes, les bons mots, les calembourgs, circuloient dans toutes les mains ; surtout un certain ouvrage intitulé *La Correspondance* ; l'on vit rarement ces productions éphémères dans les mains de M. de Penthièvre ; il se bornoit à gémir en voyant l'Etat ébranlé par des secousses, dont sa prudence calculoit, en tremblant, les conséquences.

M. de Penthièvre eut à cette époque un sujet de crainte particulier : madame la duchesse de Chartres, sa fille, accoucha le 10 octobre d'une princesse qui étoit morte; et pour épargner à cette tendre mère l'impression que pouvoit lui faire un pareil accident, on lui substitua l'enfant de la femme d'un de ses valets-de-pieds, accouchée dans le même temps; et de cette innocente supercherie, qui ne dura que le temps nécessaire pour sauver les accidens, il ne résulta heureusement rien de fâcheux.

M. de Penthièvre, par sa sage conduite, n'eut rien de commun avec ce qui arriva en Bretagne, à la magistrature et aux autres princes, qui se trouvèrent dans une sorte de disgrâce, la Cour leur étant interdite. M. de Penthièvre, qui ne partageoit point ce désagrément, les visita beaucoup; ils en firent de même à son égard, et jamais les princes ne se fréquentèrent autant.

M. de Penthièvre changea pour le moment un peu sa manière ordinaire de vivre,

qui étoit la retraite, le silence et la solitude.
Il alloit alternativement à l'Isle-Adam, chez
le prince de Conti, à Villers-Cotteret chez
le duc d'Orléans, et à Chantilly chez le
prince de Condé. Partout il étoit reçu avec
tous les témoignages de l'amitié et de la
considération ; on admiroit sa solide piété,
et on lui en laissoit suivre les pratiques sans
le gêner en rien, en lui procurant au contraire tout ce qui pouvoit le satisfaire et
lui convenir à cet égard ; et on jouissoit
en même temps des charmes de sa société,
qui étoit agréable, douce et instructive.
C'étoit plus particulièrement avec ses égaux
que se développoit ce trésor de savoir, de
modestie et de sagesse qu'il conservoit si
précieusement, et dont il ne faisoit usage
qu'avec la plus grande discrétion ; la véritable amitié que l'on avoit pour lui, le
plaisir de le posséder et de l'entendre, rendoient sa présence infiniment désirable.

Une chose bien remarquable, à l'égard
de ce prince, c'est que, dans un temps où
la piété et les pratiques religieuses étoient

un sujet de dérision pour tant d'incrédules, dans un temps si pervers et si corrompu, on respecta toujours sa conduite : elle étoit si franche, si sincère, et soutenue par tant et de si belles actions, qu'elle fut toujours admirée et applaudie des sophistes même et des athées les plus déclarés.

M. de Penthièvre, disoit un bel-esprit, est pieux et dévot de la manière et dans le vrai sens qu'il faut l'être pour faire aimer et respecter la piété et la religion.

Le 6 octobre 1773, madame la duchesse de Chartres accoucha de son fils aîné, qui fut d'abord nommé duc de Valois. Le 24 du même mois, se fit à Turin le mariage de madame la comtesse d'Artois qui partit ensuite pour venir à Paris.

Les troubles de la magistrature commençoient à se dissiper, et le système du chancelier Maupeou achevoit de s'établir; déjà même on oublioit ceux qui en avoient été victimes; mais le moment approche où l'on verra tout rentrer dans l'ancien ordre. La maladie de Louis XV commença à Trianon,

le 27 avril, où se déclara la petite vérole ;
il fut confessé et administré le 7 mai, reçut
l'extrême-onction le 9, et mourut à trois
heures après-midi, le 10 de mai 1774. Le
12, le corps fut conduit à Saint-Denis,
sans cérémonies ; le deuil fut de sept mois,
on le quitta le 14 décembre au soir ; il y eut
un service à Saint-Denys le 27 juillet.

Bientôt va s'écrouler tout l'édifice du
chancelier Maupeou ! Dès le 24 août, le
jeune roi lui fait demander les sceaux, et
les donne à M. Huë de Miroménil, qui
avoit été premier président du parlement
de Normandie. Le jeune roi vint tenir un
lit de justice à Paris, le 12 novembre 1774,
et y rétablit l'ancien parlement, cassé en
1771. La Cour des aides et le grand-conseil
furent aussi rétablis le même jour, et par
suite tous les parlemens et autres Cours
souveraines du royaume, qui avoient été
cassés en 1771.

Dans ce rétablissement de l'ancien ordre
de choses, c'étoit la Bretagne qui offroit le
plus grand travail à faire. Le jeune roi,

qui

qui avoit de si bonnes intentions, désiroit signaler le commencement de son règne, en réparant les maux qui avoient affligé les dernières années du précédent. Il pensa que personne n'étoit plus capable de seconder ses vues, à l'égard de la Bretagne, que M. de Penthièvre, dont il connoissoit la discrétion et la sagesse, et qui joignoit à ces vertus un grand moyen de succès, l'amour et la vénération que lui portoit toute la Bretagne. Le roi songeoit donc à le revêtir, à cet égard, de pouvoirs illimités; mais il craignoit en même temps qu'il ne refusât de les accepter, ayant un jugement excellent, qui lui faisoit connoître le danger des innovations, et évitant de compromettre sa délicatesse et sa tranquillité, s'il étoit obligé d'employer des moyens de rigueur qui répugneroient trop à la douceur de ses principes. Le roi s'attendoit donc que M. de Penthièvre ne voudroit se charger que de ce qu'il seroit sûr de faire réussir pour l'avantage de son service, et pour celui d'une grande province qu'il affectionnoit, et dont il se regardoit comme un des premiers citoyens. On chercha pourtant à le tenter par l'étendue du pouvoir, et l'on employa auprès de lui un négociateur habile. Mais l'adresse de celui-ci échoua contre les principes et le profond jugement de M. de Penthièvre, qui, comme le disoit madame de Créqui, à son occasion, avoit toutes les facultés de l'âme dans un si parfait équilibre, qu'aucune ne pouvoit nuire aux autres. D'ailleurs il avoit pour maxime, qu'en administration *il falloit s'en tenir au bien connu par l'usage, quand le mieux est incertain.* Il est toujours dangereux, disoit-il, de froisser les intérêts, les préjugés et l'opinion des hommes ; la perfection n'est pas le partage des choses humaines, c'est un des attributs du créateur, dont il paroît jaloux ; car souvent il se rit de nos vains projets, et les renverse en un clin-d'œil.

Le roi fit prévenir M. de Penthièvre, par M. de Maurepas, qu'il désiroit qu'il allât

en Bretagne y tenir et présider les États
de la province ; que sa présence y devenoit
infiniment nécessaire pour l'avantáge de
son service et le bonheur de la Bretagne.
« Volontiers, dit M. de Penthièvre , si
» c'est pour y faire du bien et être utile au
» roi. » Monseigneur, V. A. a l'habitude de
ne faire que du bien , et ne peut faire autre
chose; toute la France vous rend cette
justice, et le roi plus que personne.

M. le duc de Penthièvre se disposa donc
à aller en Bretagne , et partit accompagné
de madame la princesse de Lamballe.

Il prit congé du roi le 14 décembre 1774 ,
pour se rendre à Rennes, où il arriva le 17,
incognito , à huit heures du soir. Le parlement y avoit été rétabli la veille. L'incognito
que M. de Penthièvre voulut garder pour entrer à Rennes, fut un effet de sa modestie ,
car toute la ville et toutes les classes des citoyens avoient manifesté le désir d'aller au
devant de lui , et de lui témoigner leur joie
et leur amour. Dès l'instant, toute la province , et la ville de Rennes en particulier ,

prirent une nouvelle face ; à la présence d'un sage, d'un ange de paix, on oublia tout le passé ; la joie et l'allégresse , venant du cœur, se peignoient sur toutes les figures.

M. de Penthièvre fit l'ouverture des États, le 20 décembre , c'est-à-dire trois jours après son arrivée ; et prononça, dans cette circonstance , un discours pour éclairer l'assemblée sur les véritables intérêts de la province. Le son de sa voix étoit agréable et flexible , son maintien noble , ses gestes pleins de grâces , ses expressions claires , ses pensées grandes , délicates et justes. Sa manière de s'énoncer ne laissoit rien perdre de ce qu'il disoit ; rien de si aisé que de se souvenir de ce qu'il avoit dit ; il parloit plutôt au cœur qu'à l'esprit, parce qu'en lui c'étoit toujours le cœur qui étoit en action.

M. de Penthièvre reçut, dans cette tenue d'États, un témoignage bien flatteur , et qui prouvoit toute la vénération que la province de Bretagne avoit pour lui. Le 19 février 1775, les États lui envoyèrent une députation composée de ses principaux membres, pour le prier de faire réunir en sa personne la qualité de lieutenant-général en chef à celle de gouverneur, afin de prévenir désormais, par cette réunion de tous les pouvoirs entre ses mains, le retour des troubles dont la province venoit d'être si vivement agitée.

Que cette conduite, de la part des Etats de Bretagne, fût un mouvement spontané ou le résultat des intentions bien connues du roi à cet égard, la chose étoit également honorable pour M. de Penthièvre. Il fit à la députation une réponse pleine de sensibilité et de reconnoissance, il lui dit des choses si touchantes et si sages, et la solidité de ses raisonnemens frappa tellement tous les esprits, que la députation se retira aussi satisfaite que si le prince eût adhéré à leur demande.

Le 20 février se fit la clôture des Etats; M. de Penthièvre y prononça un discours qui n'obtint pas moins d'applaudissemens que les précédens, et surtout lorsqu'il remercia l'assemblée, et tous les membres en particulier, des témoignages sensibles d'amitié, d'attachement et de confiance qu'ils lui avoient donnés pendant son séjour à Rennes, ainsi qu'à sa belle - fille, dont il se rendoit l'organe en ce moment. « J'ose vous assurer, Messieurs, dit-il en » terminant son discours, que nous en » sommes dignes par notre tendre attache- » ment et notre sincère affection pour tout » ce qui intéresse la province de Bretagne ; » affection que nous portons dans nos » cœurs, et qui nous sera éternellement » chère. » M. de Penthièvre fit passer sa sensibilité dans toutes les âmes ; c'étoit les adieux d'un tendre père à des enfans respectueux.

Il y avoit déjà vingt-huit ans que M. de Penthièvre avoit rapporté, conjointement avec son auguste épouse, l'amour et l'affection de toute la province de Bretagne ; et dans cette dernière circonstance, il eut encore la douce satisfaction de partager les mêmes sentimens avec son aimable belle-fille, qui venoit de ravir et d'enchanter tout le monde, en marchant si dignement sur les traces de sa belle-mère. Qu'il est heureux de voir ainsi les vertus se transmettre et devenir héréditaires dans les familles !

1775.

Retour de Bretagne.

Le roi fit à M. de Penthièvre l'accueil le plus gracieux, et lui témoigna sa satisfaction des services qu'il venoit de lui rendre dans une partie si essentielle de son royaume, en y faisant bénir le commencement de son règne, par la concorde et la bonne harmonie qu'il venoit d'y rétablir, et qui s'y sont maintenues jusqu'à l'époque d'une révolution à laquelle rien ne devoit résister.

Madame la princesse de Lamballe, peu après son retour de Bretagne, reçut de la Cour une marque bien distinguée d'estime et de confiance, par sa nomination à la charge de surintendante de la maison de la reine. Dans le courant de 1775, M. de Penthièvre vit augmenter le nombre des enfans de sa fille ; madame la duchesse de Chartres accoucha du duc de Montpensier le 3 juillet.

Mort du comte d'Eu.

La mort de M. le comte d'Eu fait une époque remarquable dans la vie de M. de Penthièvre, moins par le surcroît de fortune qu'elle versa dans sa Maison, que par une grande augmentation de travail, d'embarras et de dépenses. Cette succession apporta à M. de Penthièvre les comtés de Brie et de Dreux, la principauté d'Anet, le duché d'Aumale, le comté-pairie d'Eu, les seigneuries de Gisors, Vernon, les Andelis, Lyons, Passy-sur-Eure, la terre de Sceau, etc., etc. Quelle étendue immense s'ouvre à la générosité, à la bienfaisance de ce bon prince ! Il est vrai que M. le comte d'Eu avoit pourvu, par son testament, à ce que tout son monde pût

vivre après sa mort comme de son vivant ;
charge considérable pour sa succession ,
et dont il a confié l'exécution à la justice
de son cousin, dont il connoissoit la scrupuleuse délicatesse : mais indépendammnt
des gens de sa maison , quelle quantité prodigieuse d'individus vont partager les soins,
les attentions et les libéralités du nouveau
seigneur, qui se regarde comme le protecteur naturel de quiconque aura quelques
rapports avec lui ou avec ses parens.

Procès singulier au sujet de la suc-
cession.

Rien ne doit être indifférent dans la conduite d'un homme tel que M. de Penthièvre;
on sera bien étonné que le testament de
M. le comte d'Eu ait occassionné un procès
entre M. le duc de Penthièvre et un garde
de chasse ; et pour cela il est nécessaire de
rapporter les deux articles essentiels de
ce testament :

« Au nom du Père, et du Fils, et du Saint-
» Esprit, etc.

» Je veux et entends que tous mes ser-
» viteurs et domestiques, commensaux
» de ma maison qui seront compris au jour
» de mon décès dans les états d'icelle;
» continuent de jouir après ma mort, leur
» vie durant, à titre de pension et sans au-
» cune retenue, des appointemens, gages
» et nourritures pour lesquels il seront
» employés dans lesdits états, leur en fai-
» sant don et legs.

» Je veux et entends pareillement que
» toutes les personnes auxquelles j'ai ac-
» cordé, ou accorderai des pensions, et
» qui se trouveront comprises dans l'état
» des pensions que j'arrête chaque année,
» continuent de jouir après mon décès,
» leur vie durant, des pensions pour les-
» quelles elles seront portées dans lesdits
» états, leur en faisant don et legs. »

Ces deux articles du testament de M. le comte d'Eu contiennent des intentions bien claires; c'est pourtant ce qui occasionna un procès. Un garde de chasse seul, probablement excité par de mauvais conseils, intenta une action au parlement contre M. de Penthièvre, pour être compris au nombre des pensionnaires de M. le comte d'Eu. S'il eût réussi, par une conséquence toute naturelle, le grand nombre des gardes y auroient été admis de même ; cette cause se trouvoit donc de nature à demander absolument un jugement.

M. de Penthièvre, au lieu de témoigner le moindre mécontentement contre un homme qui lui étoit si inférieur, disoit au contraire : « ce garde, ou son conseil, peut » avoir raison ; notre jurisprudence n'est » pas complète à cet égard, il est nécessaire » qu'un arrêt la fixe d'une manière authen- » tique. C'est plus la cause des juges que » la mienne : je serois bien fâché de faire » ni permettre la moindre démarche au- » près d'eux. Le garde perdit son procès, » fut débouté de ses demandes, et con- » damné aux dépens. » M. de Penthièvre les paya, et le sort du garde n'en devint pas plus mauvais.

Indépendamment des châteaux et mai-

sons habitables que M. de Penthièvre eut à
faire rétablir, il porta une attention toute
particulière sur les édifices publics. Une
église collégiale, dans la petite ville de Crécy,
demandoit de grandes réparations et presque une reconstruction complète. Sans
différer, le prince fit examiner ce qu'il y
auroit à faire, la dépense ne l'effraya pas;
on y mit les ouvriers, et l'église fut achevée
en 1781. La bénédiction s'en fit le 4 septembre; et M. de Penthièvre employa
l'après-dînée à tout visiter et à tout voir.
Il fut surpris et enchanté de la beauté de
ce lieu, où quelques années après, il eut
l'honneur d'y recevoir l'archiduc et l'archi-
duchesse de Russie; il engagea M. de Po-
lignac, évêque de Meaux, à en venir faire
la cérémonie, et lui-même s'y rendit pour
y assister.

L'année de la mort de M. le comte d'Eu,
1775, M. de Penthièvre visita différens
endroits de la succession, particulièrement
Anet; il trouva dans ce lieu une famille
considérable qui toute attachée à M. le

comte

comte d'Eu en étoit pensionnaire. L'aîné de cette famille étoit un homme distingué par son esprit, ses lumières et son goût pour la littérature; il étoit officier de la gruerie et des chasses. M. de Penthièvre connoissoit son mérite, il lui dit: Lemarquant, avez-vous lu quelque part que les cultivateurs fussent obligés de nourrir les lièvres de leurs seigneurs ? M. Lemarquant, qui pénétra sans peine la pensée du prince, répondit sur-le-champ, monseigneur, le code des chasses, comme on l'entend, ne me paroît pas être le code de la raison. M. de Penthièvre le regarda avec le sourire de l'approbation, et lui dit, c'est là mon principe; comportez-vous en conséquence relativement aux chasses.

M. de Penthièvre, depuis dix-huit ans, étoit voisin de la ville de Dreux, comme propriétaire de Crécy; c'étoit un voisinage aussi agréable qu'utile pour cette ville. Devenu seigneur de Dreux il alla s'y faire reconnoître en cette qualité, et reserrer d'avantage ses rapports avec cette ville.

Il y fut reçu avec tous les témoignages d'amour et d'affection les 7 et 19 septembre. Les citoyens de Dreux, jaloux de manifester leurs sentimens pour un si bon seigneur, firent mettre dans les papiers publics la manière dont ils l'avoient reçu. Ils étoient bien loin alors de penser que ce lieu deviendroit bientôt la sépulture de ce même prince, et que le repos de ses mânes y seroit troublé un jour par l'acte de barbarie que je rapporterai ailleurs.

Jubilé de 1776.

En 1776, à l'exaltation de Pie VI, il y eut un jubilé. Pendant tout le temps de sa durée, M. de Penthièvre resta à Paris pour assister à toutes les processions et aux prières de sa paroisse : rien ne pouvoit être plus édifiant que de voir ce prince pieux et chrétien suivre la procession de S. Eustache dans les rues de Paris, ne pas même éviter les boues et les ruisseaux pour n'en pas déranger la marche (j'en parle comme témoin occulaire et assistant).

Un embarras avoit arrêté un jour la procession sur le Marché neuf, allant de S. Severin à Notre-Dame ; dans l'instant toutes les femmes du marché quittèrent leur étalle et vinrent entourer M. de Penthièvre, lui disant dans leurs manières mille choses aussi touchantes que pleines de bon sens et d'énergie. Ce prince n'étoit pas homme à rire et à se moquer de leurs expressions ; il répondit à ces femmes avec douceur , bonté et politesse ; il leur disoit : « eh ! mes- » dames, vous n'y pensez pas , je ne mérite » pas tout ce que vous me dites d'obligeant : » dans l'ordre de la religion et devant » Dieu, je suis votre frère , et autrement je » serai toujours votre ami ; je ne demande » que cela, comme je me flatte d'avoir l'a- » mitié de mes voisines de la halle , qui » m'en donnent des marques dans toutes » les occasions. » Et en effet tout le monde connoissoit l'usage des femmes de la halle , qui à certains jours de l'année ne manquoient jamais de venir à l'hôtel de Toulouse faire leur compliment à M. de Penthièvre. Il ne seroit pas juste, je crois, d'attribuer cet usage à l'intérêt, car sur le présent qu'on leur faisoit, à peine y auroit-il eu de quoi les dédommager du temps qu'elles perdoient. Une chose bien remarquable et bien surprenante, c'est que dans les jours les plus orageux et les plus tragiques de la révolution, en janvier 1793, il est venu plusieurs de ces femmes jusqu'à Vernon pour avoir, dirent-elles, la satisfaction de voir le bon prince; et ces femmes, bien mises dans leur costume, ne vouloient rien que la satisfaction de voir un homme qu'elles avoient toujours eu l'habitude de chérir et d'aimer. M. de Penthièvre y fut plus sensible dans cette occasion qu'en aucune autre, les remercia beaucoup, leur dit des choses touchantes. Elles s'attendrirent, et le quittèrent toutes en pleurant amèrement.

La renommée ne varioit pas sur la réputation de M. de Penthièvre; dont le langage étoit le même partout, et qui rendoit sa présence agréable dans tous les lieux où il alloit. En 1776, il fit son premier voyage à la ville d'Eu. Il seroit trop fastidieux de rapporter tout ce que l'on fit dans cette ville pour le bien recevoir et lui montrer toute la joie qu'il y apportoit.

Cette ville avoit un besoin tout particulier de la présence d'un prince aussi généreux et aussi bienfaisant, à cause du petit port de mer qui n'est qu'à une demi-lieue du château d'Eu, à six lieues de Dieppe; ce port étoit dans le plus déplorable état : entièrement obstrué, et engorgé par le galet qui abonde sur cette côte, et que chaque marée y amène avec une grande profusion. A l'entour du port, devenu par là presque inutile et impraticable, se trouvoit pourtant une peuplade considérable d'hommes, de femmes et d'enfans, couverts de haillons, n'offrant à la vue que des marques de la plus grande misère; tous ces malheureux n'habitoient que de pauvres et chétives cabanes aux pieds des falaises, et tout-à-fait au bord de la mer.

Ce spectacle hideux et touchant déchira

le cœur sensible de M. de Penthièvre. Mais comment faire pour y remédier; des secours momentanés n'eussent été que des palliatifs, ils n'auroient pu détruire la cause renaissante du mal, qui d'ailleurs alloit toujours en croissant. Il falloit donc détruire l'obstruction et l'engorgement du port pour le rendre praticable et y ramener l'activité, l'industrie et le commerce; aider et faciliter la pêche, qui étoit la principale occupation de tant de bras qui se trouvoient comme paralysés, et qui n'obtenoient leur subsistance que de ce travail; on ne pouvoit mettre des ouvriers pour creuser le canal et le bassin du port et les nettoyer; six heures eussent recomblé ce que six mois de travail auroient à peine débarrassé. Il falloit, s'il est permis de s'exprimer ainsi, se servir des forces de la nature contre la nature elle-même; il falloit un agent qui agissant périodiquement fut mis en opposition aux effets périodiques du flux qui à chaque marée rapporte son galet; on sait que *les galets* sont des cailloux que la mer pousse sur les plages et dans les ports des côtes circonvoisines.

Cet agent étoit déjà connu et mis en activité à Dieppe, et l'invention en est due au célèbre M. de Lambardie, savant ingénieur; c'est une écluse qui retenant les eaux d'une rivière en forme un grand volume, lequel lâché à propos au-dessus du bassin, en chasse le galet, le reporte à la mer, et par ce moyen nettoie le port; mais la construction d'une semblable écluse est un objet très-dispendieux; et ces sortes d'entreprises, qu'un gouvernement seul peut tenter, sont nécessairement au-dessus des forces d'un particulier, quelle que soit sa fortune.

Cependant, animé du désir de donner des secours à tant de malheureux, M. de Penthièvre conçoit le projet de construire une écluse au Tréport, à l'instar et dans les proportions locales de celle de Dieppe. Il sollicite le gouvernement d'entrer dans ses vues; il agit, il écrit; va à la Cour, presse, sollicite les ministres, parle au roi. Ses sollicitations et ses demandes étoient trop justes, trop louables, surtout par leur motif, pour ne pas être bien accueillies ; mais on se contenta de faire à M. de Penthièvre de grandes promesses ; on l'engagea par des applaudissemens à commencer les travaux, en lui faisant espérer d'y concourir efficacement ; et les promesses se réduisirent bientôt à de foibles sommes. Aussi M. de Penthièvre se trouva chargé du principal de la dépense, et de tous les soins : mais comme il n'étoit pas en lui de jamais abandonner un objet quand il le croyoit juste et nécessaire, il fit commencer, continuer et achever l'écluse du Tréport ; enfin il eut le bonheur et la gloire de voir le succès de son entreprise, dont l'effet fut de redonner la vie et l'activité à ce petit port de mer, où un grand nombre de malheureux retrouvèrent des moyens d'existence, et dont tout le pays retira un grand avantage.

Projet de canal.

Dans le même lieu, un autre projet d'un intérêt public, et très-avantageux pour la ville d'Eu et tous les environs, occupoit ce bon prince et étoit devenu l'objet de ses plus ardens désirs ; c'étoit la construction d'un canal pour rendre la rivière navigable, depuis la ville d'Eu jusqu'à la mer, et par ce moyen former un port à la ville d'Eu même ; ce projet étoit digne d'être exécuté sous les yeux de M. de Penthièvre, qui y auroit sûrement plus contribué que le gouvernement ; mais le temps et les circonstances n'en permirent pas alors l'exécution ; et si jamais elle a lieu, on pourra se rappeler que c'est à M. de Penthièvre qu'en est due la première idée.

Suivons ce prince dans ce qu'il a fait, à notre connoissance, pour l'avantage et les agrémens du public ; c'est à Sceaux, près de Paris, qu'il s'en est particulièrement occupé. Ce lieu si charmant, si agréable pour Paris même, à cause de sa proximité , se trouvoit un peu négligé depuis long-temps. Mais bientôt il reprit, entre les mains du nouveau possesseur , une beauté , une fraîcheur nouvelle. Le prince n'en aimoit pas le séjour; néanmoins il étoit recherché du public pour la beauté de ses eaux jaillissantes , ses cascades, ses canaux , ses bassins , ses bosquets , son orangerie , ses gazons , ses prairies , la richesse et la magnificence de ses parterres , et en général par l'élégance , l'ordre et la propreté de ses immenses jardins. Tant d'agrémens réunis rendoient Sceaux délicieux à tous ceux qui étoient à portée d'en jouir : ce motif étoit puissant sur le cœur de M. de Penthièvre , dont les plus douces jouissances étoient celles qu'il pouvoit procurer aux autres; aussi donna-t-il à Sceaux tous ses soins, et y fit-il de grandes dépenses. Tant d'objets d'agrémens et de décoration réunis exigeoient une dépense considérable, seulement pour l'entretien , sans ce qu'il en coûtoit pour les réparations, reconstructions et augmentations.

L'on pouvoit remarquer en tout, dans M. de Penthièvre, des sentimens toujours nobles et délicats, et exprimés d'une manière sensible et touchante. « Je veux, » disoit-il, que l'on respecte tout ce qui a » été fait et construit par mes parens; que » l'on répare, à la bonne heure ! mais que » l'on ne détruise rien que pour des rai- » sons indispensables. » Au sujet des dé- penses considérables qu'il faisoit à Sceaux, et qui surpassoient de beaucoup le revenu de cette terre : « Ce que je fais à Sceaux, » disoit ce prince, n'est pas pour moi, » mais pour le public; car le séjour de » Sceaux ne me convient pas : il est bon, » il est même nécessaire que cette im- » mense quantité d'habitans de Paris, de » tant de classes et de fortunes différentes, » trouve, à des distances rapprochées, et » sur différens points, des lieux de réunion » qui lui offrent des objets d'agrément et de » curiosité. Il n'y a que les maisons royales, » ou celles des princes qui puissent rem- » plir ces vues d'agrémens publics; il ne

» faut pas négliger une chose aussi néces-
» saire , quand on se trouve dans le cas de
» le faire. Il y a encore une autre consi-
» dération , c'est à l'égard des étrangers ,
» pour qui la France, et surtout Paris ,
» sont des objets de curiosité ; il faut que
» chacun contribue à les maintenir dans
» cette disposition, et les engage à venir
» nous visiter, en nous faisant aimer par
» notre politesse et notre goût. »

En 1777 , l'empereur d'Allemagne , Joseph II, étant à Paris, alla faire une visite à
M. de Penthièvre, à Sceaux, dont l'on finis-
soit les réparations , et où tout s'annonçoit
déjà dans le plus grand éclat ; ce souverain arriva immédiatement après dîner, car
il n'alloit manger chez personne ; son après-
diner fut employé à tout visiter et à tout
voir, et il trouva des ouvriers partout ; il fut
surpris et enchanté de la beauté de ce lieu.
Quelques années après , M. de Penthièvre
eut l'honneur de recevoir l'archiduc et l'ar-
chiduchesse de Russie , qui vinrent, comme

on

on sait , à Paris , sous les noms de comte et comtesse du Nord.

Ces illustres voyageurs furent invités , par M. de Penthièvre , à venir dîner à Sceaux , ce qu'ils acceptèrent avec grand plaisir. Alors M. de Penthièvre engagea plusieurs personnes dignes d'être admises avec des convives de si grande importance. L'on eut connoissance à Paris de ce dîner , qui fut de la plus grande magnificence. C'étoit à la fin de mai; le temps étoit superbe ; une foule considérable de carrosses arrivèrent de Paris à l'heure de la promenade et au moment du jeu des eaux , qui firent ce jour-là l'effet le plus ravissant et le plus complet ; la propreté et la fraîcheur des jardins , la richesse et la magnificence des fleurs du printemps , qui se trouvoient dans leur plus grande beauté, les brillantes compagnies venues de Paris et des environs de Sceaux, une immense quantité de dames avec les plus élégantes parures , rendirent ce jour-là Sceaux un lieu de délices ; tout sembloit à dire M. de Penthièvre que l'on étoit venu partager sa joie, embellir et augmenter ses jouissances, dans l'avantage de recevoir ce jour-là, chez lui, les présomptifs souverains d'un plus grand empire, et l'aider à leur faire les honneurs de la nation la plus polie et la plus aimable du monde.

Après les promenades à pied, arrivèrent de jolies et charmantes calèches où cette brillante société monta pour aller voir toute l'étendue du parc; la première, où étoit la comtesse du Nord, la princesse de Conti et la duchesse d'Orléans, étoit conduite par M. de Penthièvre. La seconde étoit conduite par le comte du Nord, où étoient madame la princesse de Lamballe et les dames étrangères; une troisième étoit conduite par le prince de Baratinski, ministre plénipotentiaire de l'impératrice de Russie, superbe homme qui réunissoit une belle figure à la taille la plus avantageuse; suivoient plusieurs autres calèches, et la promenade termina cette agréable journée.

Mais ces dépenses de luxe ne ralentissoient en rien le zèle de M. de Penthièvre pour les établissemens utiles à l'humanité souffrante. Il y avoit à Andely un hospice tenu par des dames religieuses hospitalières. Cette maison avoit besoin de réparations ; le prince la fit reconstruire avec une magnificence qui lui coûta plus de quatre cent mille livres, indépendamment d'un fonds donné pour en augmenter le revenu et le nombre des lits, afin d'y pouvoir admettre un plus grand nombre de malades. Cette maison existe heureusement encore pour perpétuer le souvenir d'un si grand bienfait.

Peu après, M. de Penthièvre fit construire à grands frais une halle à Gisors, dont il n'a point joui, et qui maintenant est louée au profit de la ville.

M. de Penthièvre, qu'on étoit étonné de voir toujours en route pour aller visiter toutes ses possessions, n'y alloit pas toujours chercher des hommages, il étoit trop modeste ou trop humble pour cela ; mais il savoit que ce qui étoit juste dans l'ordre politique, devoit l'être aussi dans l'ordre

de la morale et de la justice ; que les seigneuries n'eussent pas été légitimes, si elles
n'eussent imposé que des charges et des
obligations aux vassaux, sans obliger les
seigneurs à des devoirs envers eux, et
c'étoient ces devoirs dont ce bon seigneur
étoit pénétré, qui le mettoient continuellement en action pour les remplir en portant
secours, soulagement et protection partout,
et un œil attentif à tout ce qui pouvoit contribuer à l'avantage et aux besoins de chaque
endroit. Châteauvillain, petite ville sur les
confins de la Champagne et de la Bour-
gogne, n'offroit plus que les ruines d'un
ancien château, qui n'avoit point été habité par ses seigneurs depuis près de deux
siècles ; M. de Penthièvre voulant donner
ses soins à cette terre, et y aller tous les
ans quand il lui seroit possible, s'y trouva,
le premier voyage, extrêmement mal logé ;
il désira y être moins mal à l'avenir ; un
gros corps de logis lui en présentoit le
moyen, mais il n'y avoit ni planchers, ni
vitres, c'étoit une carcasse toute nue, dont

les réparations alloient occuper tous les ouvriers et marchands de cette ville, qui entrèrent en grande activité, et firent d'assez grands bénéfices. Ainsi on vit se recréer tout d'un coup un beau château dans le cœur de la ville. Avant que ces travaux commençassent, M. de Penthièvre en visitant les dehors, remarqua qu'à côté, et attenant à ce corps de logis qu'il vouloit remettre en état, étoit une église collégiale dans l'enceinte même du château, où les chanoines faisoient leur office; que cette église n'étoit couverte qu'en tuiles, et que le bâtiment qu'il vouloit rendre habitable étoit couvert en ardoises; ce prince religieux et infiniment délicat, pensa qu'il n'étoit pas convenable que de deux édifices à côté l'un de l'autre, celui destiné au culte divin fût inférieur à celui qu'il vouloit habiter; et en conséquence il commença par ordonner que l'on toisât les combles de l'église et que l'on fît venir de l'ardoise pour la couvrir en entier, ce qui fut exécuté avant que l'on commençât les ouvrages de l'intérieur du château. On voit dans ce trait la généreuse délicatesse de l'âme de ce prince, qui ne publioit point le motif qui le faisoit agir, car tout cela étoit voilé de la plus grande modestie; il fit faire encore, dans cette même église collégiale, plusieurs choses, tant pour la décence que pour l'ornement, comme un maître-autel et autres objets.

Quand M. de Penthièvre fit, en 1757, l'acquisition de la terre de Crécy près de Dreux, il se chargea de mettre à exécution le plan projeté d'un établissement de bienfaisance dans cette dernière ville. Rien ne restoit imparfait dans les mains de ce grand prince; et ce fut dans cet établissement même que M. de Penthièvre trouva toute sa vie les plus douces jouissances, en y allant servir lui-même les pauvres, les vieillards et les infirmes, qui trouvoient dans la munificence et la bonté de ce charitable prince, l'abondance, le soulagement et les consolations dans les infirmités et la vieillesse.

. Ce prince voulant donner à son hôpital l'organisation la plus convenable , consulta à cet égard les personnes qui pouvoient lui donner les plus justes et les plus solides ins- tructions pour y établir des réglemens , fixer le nombre des individus, et les condi- tions pour y. être admis , comme celles qui en excluoient. Le nombre fut fixé à vingt- quatre hommes et autant de femmes.

. Dès les premiers temps de cet établisse- ment de Crécy, on apprit à M. de Pen- thièvre , qui étoit alors à Rambouillet , que les pauvres de son hôpital se plai- gnoient de n'être pas aussi bien nourris dans son absence , que lorsqu'il étoit sur les lieux ; il voulut par lui-même s'assurer du fondement de ce rapport; et sous le pré- texte de faire une promenade à cheval , il calcula si bien le temps qu'il lui falloit pour aller de Rambouillet à Crécy, que suivi de peu de monde , il arriva, sans être aperçu de personne , à l'instant même où l'on servoit le souper des pauvres ; et suivant son usage, il les servit lui-même avec ce qui étoit préparé : il vit avec une grande satisfaction que tout étoit conforme aux réglemens de la maison. Cette visite inattendue ne fut peut-être pas inutile au maintien de l'ordre qui se soutint admirablement jusqu'à la destruction de l'établissement, amenée par la révolution.

M. de Penthièvre, devenu héritier de M. le comte d'Eu, en 1775, revendit la terre de Crécy à madame la princesse de Montmorency; cette dame sans doute ne se soucia pas d'acheter l'hôpital, et M. de Penthièvre ne vouloit pas non plus lui vendre ses pauvres; en conséquence il fallut chercher un lieu convenable pour transférer l'hôpital de Crécy. Ce fut près de Vernon qu'il fit choix d'un lieu charmant : c'étoit une petite terre dont le château dominoit la belle plaine où est située la ville de Vernon, arrosée de la rivière de Seine dans l'endroit le plus beau de son cours. Cette plaine est coupée dans toute sa longueur par la route de Paris à Rouen ; et c'est du bord de cette route que prend naissance une belle avenue qui conduit, par une pente bien graduée , au château de Saint-Just, devenu l'hôpital de M. de Penthièvre. Le site, les eaux, la belle vue, le bon air ne laissent rien à désirer pour l'agrément.

Cette charmante maison fut mise, par M. de Penthièvre, en état de remplir sa nouvelle destination. Elle devint, par ses soins, un des plus beaux hospices de toute la France.

Dans les commencemens des troubles révolutionnaires, on instruisit M. de Penthièvre, déjà accablé de tant de chagrins, que parmi ses pauvres de Saint-Just, il y en avoit qui, comptant sur une pension, éclatoient en murmures, provoquoient la destruction de l'établissement, et vouloient en sortir. « Je ne gêne personne, dit ce » charitable prince ; ceux qui veulent sor- » tir en sont bien les maîtres. » On lui proposa à cette occasion la suppression de cet hospice ; il répondit : « Je l'ai toujours » regardé comme conforme aux vues de la » religion et de la providence, j'y ai mis

» toutes mes affections, j'en ai reçu de
» grandes consolations, en y voyant finir
» des êtres estimables et reconnoissans ; s'il
» y en a maintenant qui ne pensent pas de
» même, hélas ! comment résister à une
» contagion qui tourne toutes les têtes et
» gangrène tous les cœurs ! je ne dois pas
» moi-même détruire mon propre ouvrage ;
» après moi, ma fille fera ce qu'elle jugera
» à propos. » Il est bon d'observer ici que
depuis 1757, que M. de Penthièvre acheta
Crécy et y forma l'hospice dont je viens
de parler, jusqu'en 1783 qu'il vendit Rambouillet au roi, il fut chargé de faire subsister deux hôpitaux dont la dépense étoit
très-considérable.

Quand M. de Penthièvre acheta la terre
de Châteauneuf sur Loire, en 1783, il
trouva en ce lieu, sur le bord de la rivière,
une ancienne plantation de mûriers blancs
qui avoit été commencée, puis négligée,
et enfin abandonnée tout-à-fait ; il s'informa
si en faisant venir des plans pour la rajeunir, si en la cultivant avec soin, un pareil

établissement ne pourroit pas devenir avantageux pour le pays, et lui procurer cette ressource de plus, à cause de sa grande population; on lui dit que oui, mais qu'il seroit bon pour cela d'exciter l'émulation par son propre exemple, et il suivit ce conseil avec empressement. Il se trouvoit avoir une maison convenable pour cet objet, au bord de la rivière, et à portée de la plantation; il la destina à cet usage : on se procura tout ce qui étoit nécessaire, et l'on cultiva les mûriers avec soin, pour exciter tout le monde, et surtout les jeunes filles, à s'occuper de l'éducation des vers à soie, et le succès justifia les vues bienfaisantes du prince.

Tout ce qui avoit des rapports avec les besoins ou les avantages de la société devenoit pour ce prince des désirs vifs qui l'occupoient essentiellement jusqu'à leur parfait accomplissement; la soie que l'on recueillit pour son compte, à Châteauneuf, fut envoyée par son ordre à Tours, pour y être mise en œuvre et fabriquée en étoffe.

On lui fit un lampas très-beau pour meuble, et il voulut que la plus grande partie en fût employée à Châteauneuf même, pour que les habitans de ce lieu le vissent, et que cela les engageât à profiter des mûriers qu'il leur avoit procurés.

Il étoit difficile de faire un meilleur usage de sa fortune : M. de Penthièvre n'employa pas moins bien son grand crédit. Protecteur zélé, il persistoit toujours dans ses sollicitations, parce qu'il ne demandoit jamais rien que de juste ; et quoiqu'il se fît une loi de ne rien solliciter de ses parens, cependant il les servoit dans toutes les occasions.

M. le duc d'Uzès avançoit en âge ; grand seigneur, premier pair de France, maréchal de camp, gouverneur de la Saintonge et de l'Angoumois, il n'étoit pourtant pas cordon bleu, et ne l'a été qu'en 1776, le 26 mai, et il avoit alors 48 ans. M. de Penthièvre avoit déjà sollicité cette décoration pour lui ; il la demanda une dernière fois avec empressement, et il l'obtint ; et comme il faisoit d'instantes demandes, le

roi

roi lui dit : *Vous êtes un ami bien chaud, Monsieur de Penthièvre.* Sire, répondit ce prince, je prie V. M. d'observer que M. le duc d'Uzès est mon proche parent, qu'il réunit en sa personne toutes les qualités que demande l'ordre du Saint-Esprit, dans lequel tous ses ancêtres ont été admis depuis sa création. Eh bien! à la bonne heure, dit le roi, puisque vous le désirez tant, il le sera; et il le fut.

Aventure du prétendu Solar.

L'on se rappelle toujours avec plaisir ces époques heureuses où des hommes de génie ont fait ces découvertes précieuses à l'humanité, et parmi lesquelles il faut placer la belle invention du célèbre abbé de l'Epée, qui trouva l'art admirable de réparer ou de rendre supportable un cruel accident de la nature, en procurant à des malheureux, privés des deux organes les plus précieux, la faculté d'exprimer leurs pensées et de se faire entendre. M. de Penthièvre, plein d'admiration pour cet homme cher à l'humanité, apprend qu'il se trouve chez lui, et parmi ses élèves, un malheureux enfant, qui non seulement est sourd et muet, mais encore privé du plus grand bien de la vie, celui de connoître les auteurs de son existence, toute malheureuse qu'elle étoit, ainsi que le lieu de sa naissance. Voilà de grands motifs pour toucher le cœur sensible de M. de Penthièvre ! Comme c'est à la campagne qu'il apprend cette nouvelle, il écrit sur-le-champ à Paris au chef de son conseil, de s'assurer de l'existence de cet infortuné, et de lui faire expédier tout de suite un brevet de pension, pour seconder M. l'abbé de l'Epée, qui faisoit déjà de si grands sacrifices ; le brevet de M. de Penthièvre fut expédié, et les six premiers mois payés d'avance.

Je ne sais pas au juste pourquoi il s'éleva alors de grandes discussions sur la naissance de cet enfant, ni sur quels indices on prétendit qu'il étoit de la famille des Solar,

famille noble du Piémont, dont il y avoit
une branche en France. On connoìt suf-
fisamment les procédures auxquelles donna
lieu cette étrange anecdote, qui même a
fourni le sujet d'une pièce dramatique. Mais
les plaidoyers, les arrêts, la pièce de
théâtre, tous les bruits, et les écrits ré-
pandus dans le public à ce sujet, deviennent étrangers à ces mémoires, parce que
M. de Penthièvre s'en tint purement et
simplement à faire payer la pension à l'enfant, nonobstant tous ces bruits, et quelle
que fût la naissance du jeune sourd et muet;
je dirai seulement ce que j'en ai appris,
que la cause étant portée au parlement de
Paris, l'avocat qui vouloit faire reconnoître
l'enfant pour un véritable Solar, employa
pour un de ses moyens la pension que M.
de Penthièvre faisoit à l'enfant, en considération de son nom, parce qu'il y avoit
eu des Solar attachés à la maison du Maine,
celle des plus proches parens de M. de
Penthièvre. L'avocat adverse ne pouvoit
pas écarter de la cause le brevet de pension

qui existoit réellement, mais qui lui étoît pourtant étranger ; il falloit en atténuer la force, et pour cela ne l'attribuer qu'à la seule bienfaisance de M. de Penthièvre, comme cela étoit évident; les uns et les autres firent retentir la salle d'audience, au palais, des grandes qualités et des rares vertus de M. de Penthièvre, qui ne se doutoit pas même qu'on parlât de lui.

Carlin chez M. de Penthièvre.

Quoique M. de Penthièvre ne fréquentât pas les spectacles, il n'en fut pas moins connu et respecté des hommes distingués sur la scène. J'ai vu venir chez lui deux de ces hommes, réclamer ses bontés et sa bienveillance pour des œuvres qui ne pouvoient qu'honorer ces messieurs, dont je ne nommerai qu'un, à cause du plaisir qu'occasionna sa visite; ce fut M. Carlin, qui remplissoit avec tant de succès les rôles d'arlequin à la comédie Italienne.

M. de Penthièvre fut un peu surpris

quand on lui annonça M. Carlin, qu'il reçut pourtant d'une manière affable. M. Carlin, enchanté de se voir si bien accueilli, se montra charmant par ses manières à la fois respectueuses et enjouées. . . . . M. de Penthièvre lui dit : — Nous ne nous rencontrons guère, M. Carlin : — Ah ! Monseigneur, vous n'avez pas besoin de nous autres ; vos spectacles, c'est de chercher les malheureux et de les secourir. — Mais, M. Carlin, quoique je ne fréquente pas tout le monde, je ne hais personne. — Ah ! Monseigneur, haïr est un sentiment qui n'entrera jamais dans votre belle âme : au contraire, Monseigneur, vous êtes l'ami du genre humain ; mais aussi tout le monde vous aime et vous chérit comme vous le méritez. — Ah, ah ! Monsieur Carlin, vous êtes trop honnête ; vous voulez me gâter. M. Carlin se frottant les mains, avec des manières tout-à-fait agréables : Monseigneur, dit-il, ce ne doit pas être mon métier que de gâter, car je ne mériterois pas l'honneur de me présenter devant V.

A. S. Vous n'avez rien à craindre, Monseigneur, personne ne vous gâtera, car vous êtes incorruptible. Rien ne pouvoit être plus agréable que de voir M. de Penthièvre et M. Carlin, s'entretenir, rire et plaisanter ensemble. Dans ce moment arriva chez M. de Penthièvre, le prince de Doria, Nonce du pape, qui, après avoir salué M. de Penthièvre, se trouva précisément à côté de M. Carlin. M. de Penthièvre lui dit : Vous ne dites rien à votre voisin, Monsieur le Nonce ? Monseigneur, dit le Nonce, je n'ai pas l'honneur de connoître monsieur. — Comment, vous ne connoissez pas un compatriote, monsieur Carlin ! Sur-le-champ, M. le Nonce, avec grande démonstration de joie et de plaisir, prend la main à M. Carlin, lui témoigne sa surprise, et en même temps le plaisir de le rencontrer chez M. le duc de Penthièvre. M. Carlin lui dit aussitôt : Il est vrai que nous ne pouvions pas nous rencontrer en meilleur lieu ; et toujours riant et se frottant les mains ; vous voyez, Monseigneur, que je fréquente bonne compagnie, et les honnêtes gens de Paris. Oui oui, dit le Nonce ; il me paroît que vous savez choisir votre monde, et je vous en fais mon compliment.

Cette visite de] M. Carlin fit grand plaisir à M. de Penthièvre, ainsi que la lecture d'un placet qu'il lui remit, qui étoit écrit de sa main, et d'un style aussi plaisant que respectueux. Et le prince s'empressa de lui accorder sa demande. Cette anecdote montre encore combien M. de Penthièvre étoit universellement chéri et révéré, et que c'est à juste titre que l'on a dit que son nom seul étoit devenu un éloge, et le synonyme de toutes les vertus.

1783.

Vente de Rambouillet.

L'acquisition de Rambouillet, par le roi Louis XVI, mérite de notre part une attention particulière, à cause des deux personnages, celui qui a acquis et celui qui a vendu. Je me suis informé avec soin, et j'ai fait la recherche la plus scrupuleuse de cet objet important pour le présenter de la manière la moins équivoque, pénétré du plus profond respect pour la mémoire des personnes dont j'ose me permettre de parler (1).

· (1) La personne que j'ai déjà tant de fois citée, a traité cet article de la vente de Rambouillet avec autant d'ignorance que de légèreté. Elle fait deux versions différentes dans deux ouvrages qu'elle a publiés successivement! Dans le premier, qui parut en 1801, intitulé : *Mémoires de madame la princesse de Lamballe*, elle dit, page 42, vol. II, parlant du roi Louis XVI, « tout lui faisoit désirer l'acqui- » sition de Rambouillet. M. de Penthièvre alla au- » devant de ses volontés, et reçut en échange Chan- » teloup et le comté d'Amboise. » Ici elle n'ajoute rien de plus.

Dans un ouvrage postérieur, publié l'an XI, ou 1803, l'auteur augmente le prix et change son exposé, auquel elle fait des additions. Elle dit que Louis XV eut grande envie d'avoir Rambouillet; qu'il en fit la demande à M. de Penthièvre ; que ce prince lui ayant exposé les motifs qui l'attachoient à cette pos-

Rien n'annonce que tant que M. le comte de Toulouse vécut, Louis XV ait témoigné aucune envie de posséder Rambouillet; ce ne fut que bien long temps après que le goût du roi pour la chasse s'étant accru, lui fit désirer un lieu qui, à cet égard, réunissoit

---

session, il n'en fut plus question de tout son règne; « ce ne fut, continue l'auteur, que plusieurs années » après que Louis XVI fut monté sur le trône..... » *que la Reine, à qui rien ne résistoit*, obtint que » M. de Penthièvre accepteroit Chanteloup, Am- » boise, etc., et cinq millions pour céder Ram- » bouillet; les terres furent données, mais les cinq » millions sont dus : et M. de Penthièvre a laissé » des dettes sacrées qu'il avoit cru devoir acquitter » avec cette somme. » *Vie de M. de Penthièvre ,* par madame G. pages 131 et 132 , vol. II.

On voit dans la première version de cet auteur, que M. de Penthièvre va au-devant des volontés du roi; et dans la seconde c'est la reine qui force M. de Penthièvre à céder Rambouillet pour les objets que l'on lui offre; il est aisé de voir que cet auteur n'est pas d'accord avec elle-même; nous allons montrer combien ses récits sont peu conformes à la vérité.

tous les avantages et les agrémens possibles.
Personne n'a jamais douté de l'amitié et
de la considération que Louis XV eut toujours pour M. de Penthièvre ; et s'il désira
avoir Rambouillet en propriété, ce ne fut
qu'à condition que M. de Penthièvre dési-
gneroit lui-même les objets qu'il voudroit
recevoir en échange ; et ce fut dans ce
sens et de cette manière qu'il lui en parla
et lui en fit la demande. Louis XV connoissoit le respectueux et tendre attachement que M. de Penthièvre avoit pour
lui ; il n'auroit point exigé d'un prince
si estimable un sacrifice aussi douloureux
que celui d'une possession qui avoit été
son berceau et où se trouvoit la sépulture
des personnes les plus chères à son cœur.
Louis XV n'employa donc que les voies
de l'amitié pour parvenir à l'acquisition
de Rambouillet; et voici ce que j'ai appris
à ce sujet. L'on sait combien les courtisans
sont habiles à connoître les goûts de leur
maître, et cherchent par là à lui être
agréables; dans la saison d'été, où les

chasses étoient les plus délicieuses à Rambouillet, tout l'équipage de la Vénerie alloit
s'y établir ; M. de Penthièvre logeoit les
veneurs, les chevaux et les chiens : appa-
ramment que quelqu'un qui connoissoit les
désirs du roi, lui dit que les écuries de
Rambouillet n'étoient pas bonnes et qu'elles
menaçoient de tomber ; sur cela le roi d t
un jour à M. de Penthièvre, que ses chevaux n'étoient pas en sûreté dans ses écuries. M. de Penthièvre répondit : Sire, je
vais m'en occuper et y pourvoir ; et en
effet dès le lendemain on y mit les ouvriers,
et sous peu de jours il s'y en trouva jusqu'à
deux cents. Les écuries reconstruites et
agrandies avec autant de solidité que de
magnificence, formèrent un grand corps
de bâtiment détaché du château, dont il
devint un accompagnement. Louis XV fut
très-flatté de cette attention, mais cela ne
satisfesoit pas entièrement ses désirs et ne
lui donnoit pas la propriété d'une superbe,
immense et magnifique forêt.

Quelque temps après, Louis XV dit à

M. de Penthièvre : Je vous gêne, **M.** de Penthièvre , avec tout mon attirail de chasse ; il faut que vous me permettiez de bâtir une petite maison sur le territoire de Rambouillet , et près la forêt. Sire , dit **M.** de Penthièvre, c'est que V. M. ne se trouve pas bien chez moi, malgré mes soins et mon empressement à la recevoir de mon mieux. V. M. est bien la maîtresse de bâtir partout où bon lui semblera. Le roi fit bâtir Saint-Hubert : j'ignore si ce château fut construit sur le terrein de Rambouillet ; mais il n'offroit que peu d'agrément. Néanmoins Louis XV s'en contenta et ne reparla plus de Rambouillet.

Louis XVI, parvenu à la couronne, ne parut pas désirer Rambouillet dès les premières années de son règne ; ce ne fut que huit ans après qu'il fût monté sur le trône, qu'il en manifesta le désir ; accoutumé dès son enfance à connoître et à admirer les vertus de **M.** de Penthièvre , il n'auroit pas plus que son aïeul, voulu exiger un trop grand sacrifice de lui ; mais les circonstances

circonstances n'étoient plus les mêmes; la succession de M. le comte d'Eu avoit apporté à ce prince plusieurs belles et grandes habitations; Sceaux, Anet, Vernon, Armainvilliers, et la ville d'Eu. Voyant que M. de Penthièvre paroissoit leur donner la préférence sur Rambouillet, Louis XVI demanda à ce prince de le lui vendre, et non pas de l'échanger. A la première proposition, M. de Penthièvre exposa les mêmes motifs, qui l'attachoient à la possession de Rambouillet, et qu'il avoit employés envers Louis XV. Louis XVI lui fit observer la différence des circonstances, et après avoir suspendu son projet, il y revint peu de temps après, et se servit d'un moyen qui lui fit obtenir sans peine l'objet de ses désirs; il fit entendre à M. de Penthièvre que la possession de Rambouillet tenoit au bonheur de sa vie; sur-le-champ le prince, frappé de ces paroles, s'écria : *Ah! Sire, Votre-Majesté a prononcé le grand mot : Rambouillet n'est plus à moi. Non-seulement cet objet, mais tout ce que je possède;*

ma vie même s'il le faut, je suis prêt d'en faire le sacrifice pour le bonheur de V. M. Ah! Monsieur de Penthièvre, dit le roi, que je suis touché, que je suis sensible à une telle marque d'affection! j'ai toujours pensé qu'un aussi honnête homme que vous devoit avoir beaucoup d'amitié pour moi; vous m'en donnez dans ce moment une grande preuve. Eh bien arrangeons-nous comme de bons parens; il ne seroit pas juste que vous fussiez victime d'un si généreux et si noble dévouement; je dois vous payer loyalement, et avec équité, Rambouillet; choisissons des hommes justes et intelligens pour régler nos intérêts respectifs, et que la chose s'arrange à notre satisfaction réciproque.

Après le consentement si magnanime de M. de Penthièvre, l'on fit procéder à des estimations. Le roi choisit M. le comte de Vergènes l'un de ses ministres, homme juste, pour stipuler ses intérêts. M. de Penthièvre nomma, pour les siens, M. Perrier, secrétaire-général de la marine;

tout fut apprécié, évalué et estimé sa juste valeur, et le prix de Rambouillet fut porté et arrêté à seize millions; mais un objet important qui avoit été oublié, et qui consistoit dans toutes les bordures des routes de la forêt, fut réclamé, et alloué comme juste par le ministre du roi : cet objet se monta à deux millions, qui ajoutés aux seize firent dix-huit. On joignit à cette somme les intérêts, suivant les termes convenus pour les différens paiemens; voilà la manière dont Rambouillet a été vendu, et non échangé contre Chanteloup et Amboise, qui à cette époque étoient encore entre les mains de M. le duc de Choiseuil, mort deux ans après; c'est-à-dire en 1785, comme tout le monde le sait : nous dirons dans la suite, comment Amboise et Chanteloup sont venus entre les mains de M. de Penthièvre.

Aussitôt que Rambouillet fut vendu, deux objets essentiels occupèrent sérieusement M. de Penthièvre; la translation des corps de sa famille à Dreux, et le placement d'une somme de huit millions dont Rambouillet se trouvoit grevé de substitution ; et il acquit tout de suite la terre de Château - Neuf sur Loire , à six lieues au - dessus d'Orléans , de la succession de Rohan-Guemené ; ensuite celle de Laferté-Vidame de M. de Laborde. Le dernier voyage que M. de Penthièvre fit à Rambouillet avec sa maison , est du 24 juin au 16 juillet 1783 , et il n'y retourna plus de sa vie. Le 23 du même mois il se rendit à Aumale , et le 26 à la ville d'Eu , où il fut reçu avec les plus grandes marques de joie et de satisfaction. On y chercha , par toutes sortes de manières , les moyens de le dédommager du sacrifice qu'il venoit de faire de Rambouillet ; pour cette fois il logea au château , qui étoit fort vaste et venoit d'être remis à neuf et dans le meilleur état. Il s'y trouvoit deux riches collections de portraits , l'une de la famille des Bourbons , et l'autre de celle des Guises , et grand nombre d'autres tableaux de grand prix. La situation de ce château est rare et curieuse ; de ses fenêtres on aperçoit la mer à une distance convenable pour la voir dans son calme et dans ses fureurs; et ce château se trouve en même temps dans l'enceinte d'une ville qui avoisine d'immenses forêts.

Ce fut dans le mois de novembre 1783, que se fit la translation des corps de la famille de M. de Penthièvre , qui avoient reposé jusqu'alors dans le caveau de l'église de Rambouillet , pour être portés dans celui de la collégiale de Saint-Etienne de Dreux. Cette triste et lugubre cérémonie fut faite avec tout l'appareil et la solennité convenables. La piété de M. de Penthièvre l'avoit réglée et ordonnée , et dans cette occasion remarquable on lui donna librement et spontanément un témoignage bien sincère et bien pur de l'amour que l'on lui portoit, du respect religieux que l'on avoit pour les auteurs de ses jours , et pour tous ceux qui lui avoient été chers dans le monde.

Tout ce qu'il y eut de personnes distinguées et un peu marquantes , à plusieurs

lieues du chemin où devoit passer le convoi, s'y rendirent en habits de deuil et
se joignirent au cortège ; toutes les paroisses environnantes s'assemblèrent pro-
cessionnellement ; on vit un peuple immense accompagner les voitures jusqu'à
la fin de leur territoire, où ils trouvoient
les processions des paroisses voisines, qui
les remplaçoient. Mais ce qui toucha le
plus, dans une pareille cérémonie, ce fut
cette haute et sublime piété, cette sensibilité du fils le plus tendre et le plus respectueux, du mari qui depuis vingt-neuf ans
pleuroit son épouse, et du père qui avoit
eu la plus vive affection pour ses enfans :
combien de motifs déchirans pour un cœur
aussi sensible que celui du vertueux Penthièvre, qui faillit succomber en rendant
ce devoir à des restes si chers. Il y eut même
un instant où il donna les plus vives inquiétudes ; sa belle âme s'affaissa sous le poids
de tant d'objets déchirans ; ses idées se
troublèrent, ses forces s'anéantirent, et il
fit craindre un moment pour sa conserva-

tion : les personnes qui l'accompagnoient furent saisies de frayeur, et de proche en proche la crainte et la sensibilité passèrent dans tous les cœurs ; l'on ne put voir une scène aussi touchante sans verser des larmes.

1784.

Visite du Roi de Suède.

Le 27 juin, M. de Penthièvre et madame la princesse de Lamballe reçurent la visite du roi de Suède, à l'hôtel de Toulouse, à Paris, chacun dans leur appartement particulier ; à quatre heures après midi le monarque du nord arriva et commença par M. de Penthièvre, qui vit entrer la voiture dans la cour. Il habitoit alors le premier de l'aile droite de l'hôtel ; après avoir balancé un peu sur l'étiquette, il dit sur-le-champ : le comte d'Haga est roi, il faut aller au-devant de lui. Aussitôt il traverse les différentes pièces, et arrive au haut de l'escalier, à l'instant où le roi de Suède

se trouvoit presque aux dernières marches.
M. de Penthièvre , élevant la voix , lui
adressa ces paroles : « Sire, votre Majesté
» a le vol de l'aigle ; elle ne me donne pas le
» temps de lui rendre ce que je lui dois. »
Le roi de Suède, conséquent à son incognito , répondit : « Point de majesté, je
» vous en prie ; c'est le comte de Haga qui
» vient rendre ses devoirs à monsieur le
» duc de Penthièvre , lui demander son
» amitié, et le prier de le recevoir amica-
» lement et avec la bonté qui lui est si
» naturelle. » Dès cet instant , M. de
Penthièvre ne nomma plus le roi de Suède
que le comte de Haga. La visite ne fut pas
très-longue ; mais nous y remarquâmes
une cordialité, des manières franches et
aisées, à travers lesquelles perçoit une
sorte de vénération de la part du monarque , infiniment flatteuse pour M. de Penthièvre , mais bien plus séduisante pour la
vanité de nous autres qui formions la petite
Cour de ce prince modeste.

Le roi de Suède étoit d'une belle taille ,

bien fait, d'une belle figure, et avec des manières absolument à la française ; son vé-
tement étoit simple ; un habit de soie vert
et complet sans dorures ni ordres de chevalerie. Se disposant à sortir de chez M. de
Penthièvre, il dit : Je vais rendre mes res-
pects à madame la princesse de Lamballe,
et il salua M. de Penthièvre, en lui adres-
sant les choses les plus obligeantes.

Voyage du prince Henri.

Ce fut aussi cette même année, le 22
août 1784, que le prince Henri, frère du
roi de Prusse, arriva à Paris, sous le nom
de comte d'Oelz. Il ne put voir M. de
Penthièvre qu'au mois de septembre, à
Anet, à quatorze lieues de Paris. Le prince
étranger en fit le voyage pour rendre sa
visite à M. de Penthièvre, dans un lieu qui
étoit célèbre dans notre histoire par les
personnages célèbres qui l'avoient habité,
particulièrement Diane de Poitiers, qui y
avoit sa sépulture et son mausolée.

Il est facile d'imaginer avec quels soin et quels égards M. de Penthièvre reçut le prince Henri, frère d'un grand roi, grand capitaine lui-même, infiniment instruit, et joignant à ses grandes connoissances les agrémens de la bonne compagnie et des personnes de son rang. Il arriva à Anet de bonne heure, et son arrivée fut annoncée quelques heures d'avance par un courrier du roi, qui accompagnoit ce prince partout.

M. de Penthièvre logea son hôte illustre dans le superbe appartement qui n'étoit jamais occupé que dans les grandes occasions ; c'est là que se trouvoit un lit très-riche où avoit couché le grand dauphin fils de Louis XIV ; mais le prince Henri ne voulut pas y coucher, parce qu'il faisoit porter à sa suite un très-petit lit de camp, dont il se servoit partout. On démonta donc le beau lit, pour faire place au lit beaucoup plus modeste du prince Henri, mais qui avoit eu l'honneur d'être tendu plusieurs fois sur des champs de bataille.

Le lendemain, M. de Penthièvre conduisit le héros sur le champ où avoit été livrée la bataille d'Ivry , le 14 de mars 1590. Ce guerrier, en parlant de cette action mémorable , donna une preuve singulière de la manière dont il possédoit notre histoire , et particulièrement tout ce qui concernoit la personne de Henri IV , dont il parloit avec l'enthousiasme de l'admiration. La soirée de cette journée , au retour du champ de bataille , sur lequel M. de Penthièvre avoit fait élever un monument à la gloire de son aïeul , se passa dans des conversations infiniment intéressantes ; l'on y fit des rapprochemens et des allusions très-heureuses et très-bien senties sur les noms des Henris , Henri II , Henri IV et Henri de Prusse , comme guerriers et grands capitaines. M. de Penthièvre se montra à son hôte , tel qu'il étoit véritablement, l'homme du monde le mieux instruit , le plus poli , le plus aimable , le plus modeste et le plus vertueux ; aussi le prince Henri lui témoigna-t-il sa haute estime.

M. le duc de Penthièvre fit remarquer

au prince Henri , dans la belle salle des gardes d'Anet, de très-grands et superbes tableaux faits avec beaucoup d'intelligence, représentant les exploits glorieux de M. de Vendôme en Espagne ; l'un où il assiége le fameux général anglais Stanhope dans Brihuéga, et le fait prisonnier de guerre, avec toute sa garnison ; un autre représentant la bataille décisive de Villaviciosa , sur le général allemand Staremberg , qui avoit défait les Espagnols à Sarragosse : et l'on sait que M. de Vendôme, par ces victoires importantes et décisives, rétablit en trois ou quatre mois toutes les affaires de Philippe V , roi d'Espagne, qui auparavant paroissoit sans ressource. Le prince Henri , frappé de la vérité de l'expression de ces tableaux, regardant M. de Penthièvre avec un air touchant, lui dit : *Il n'y a qu'en France, Monsieur le duc de Penthièvre, que l'on trouve des merveilles dans tous les genres.* Ce compliment fut bien senti, et toucha tous ceux qui l'entendirent ; mais il affligea l'extrême modestie

du

du prince vertueux à qui cette juste louange s'adressoit.

Le prince Henri repartit d'Anet le troisième jour, après dîner, avec un brillant cortége de voitures et de cavaliers. On l'accompagna jusqu'au beau pavillon nommé du *Quarré charmant* , édifice élevé au milieu de la forêt. Du haut de ce pavillon, où est une belle plate-forme ou terrasse en plomb, ornée de balustrades et de vases, l'on aperçoit une multitude de routes sur des longueurs à perte de vue , qui percent la forêt dans toute son étendue et sur tous ses points; il n'y a rien de semblable dans aucune de nos forêts. Ce fut là que le prince Henri prit congé de nos princesses et de M. de Penthièvre. Ce prince se rendit le soir même à Versailles , et revit M. de Penthièvre à Paris, avant que de quitter la France , le 3 novembre 1784.

1784.

Incendie de l'hôtel de Toulouse.

Voici une occasion fort différente, où nous verrons bien l'âme de M. de Penthièvre dans son état naturel; car on ne pouvoit prévoir un événement de ce genre; il arriva subitement la nuit du 23 au 24 décembre 1784, à deux heures du matin, tout le monde étant couché dans l'hôtel de Toulouse, à l'instant que M. de Penthièvre faisoit ses prières ordinaires avant de se mettre au lit; nous nous entretenions, notre estimable M. Mousseron et moi, dans la pièce qui précédoit la chambre du prince; le valet de pied qui étoit dans la première antichambre, vint nous dire : *Messieurs, le feu est à l'hôtel;* je courus sur-le-champ dans la cour pour voir où étoit le feu, et je vis les flammes qui perçoient le comble au-dessus du garde-meuble, du côté de la rue Baillif: je revins promptement dire à M. Mousseron, qu'il falloit en avertir le prince.

Quand M. de Penthièvre étoit en prières, il auroit fallu un message de la part du roi, ou le feu, comme il étoit dans ce moment à l'hôtel, pour nous autoriser à l'interrompre. M. Mousseron ouvrit la porte de la chambre du prince, et dit : Monseigneur, le feu est à l'hôtel. Ce prince, qui étoit à genoux, ne s'en troubla point; en se levant, il demanda : où est le feu; je lui dis : il paroît au-dessus du garde-meuble ; il vint regarder, et dit paisiblement : Que l'on aille promptement avertir les pompiers, et que l'on prévienne les corps-de-gardes voisins. Mais la sentinelle de la place des Victoires avoit fait son devoir, et déjà une première garde arrivoit à la porte de l'hôtel.

Madame la princesse de Lamballe, qui venoit de se coucher, fut bientôt debout, et vint joindre son père, qu'elle ne quitta plus que le feu ne fût arrêté.

La première attention de M. de Penthièvre se porta sur une dame très-âgée de sa maison, dont le logement étoit voisin de la partie où étoit le feu ; il en eut tout de suite de l'inquiétude, et ce bon prince dit : Que l'on s'occupe avant tout et promptement à mettre en sûreté la pauvre madame *Lanoue*, et surtout que l'on prenne bien garde de ne pas l'effrayer. Les pompes se firent un peu attendre ; mais aussi elles furent bieutôt mises en activité.

Rien ne peut être plus prompt, mieux disposé et produire de meilleurs effets, que ce qui fut exécuté ; dans l'instant les pompiers se trouvèrent placés sur l'entablement, sur les combles, dans l'intérieur, et toute la manœuvre se fit d'une manière admirable.

Il étoit près de quatre heures, avant que les pompiers fussent maîtres du feu ; mais aussitôt que cet instant heureux et si désiré fut arrivé, le commandant des pompiers, qui instruisoit de temps en temps M. de Penthièvre de l'état des choses, vint enfin dire au prince : Monseigneur, V. A. peut maintenant être tranquille. Aussitôt, M. de Penthièvre, qui pensoit à tout ce qui intéressoit les autres, dit : Que l'on aille promptement assurer de ma part tous mes bons voisins de la rue Croix-des-Petits-Champs et de la rue Baillif, qu'ils ne s'inquiètent plus, qu'il n'y a plus de danger ni pour eux ni pour moi.

Il n'y eut point de choses honnêtes que M. de Penthièvre ne dit à tous ceux qui prirent quelque part à cet accident. La manière dont il remercioit chacun en particulier, pénétroit tous les cœurs : mais ce fut surtout au commandant des pompiers, que M. de Penthièvre et madame la princesse de Lamballe dirent les choses les plus flatteuses ; aussi cet homme si intelligent, et à la fois si prudent et si intrépide, dit à M. de Penthièvre : *Monseigneur, celui qui n'exposeroit pas sa vie pour le service et la conservation d'un prince aussi précieux que V. A. S., seroit un grand lâche et un être bien méprisable.*

Il étoit cinq heures et demie, lorsque tout fut calmé, et que M. de Penthièvre eut remercié tout le monde ; il engagea madame la princesse de Lamballe à aller se coucher ; il rentra dans sa chambre, se mit à genoux , finit ses prières , et se coucha comme si rien ne fût arrivé. Ce prince ne s'inquiéta point , ni pendant le feu , ni après , de ce qui avoit pu être la proie des flammes , quoiqu'il eût des objets très-précieux dans le garde-meuble , particulièrement plusieurs cassettes de bijoux de madame la comtesse de Toulouse , et des tableaux de très-grand prix.

Toute la matinée , il y eut un concours prodigieux à l'hôtel de Toulouse : tout Paris venoit ou envoyoit savoir des nouvelles de M. le duc de Penthièvre et de madame la princesse de Lamballe , qui avoient passé la nuit dans les inquiétudes et les embarras d'un incendie. Aussitôt que cette nouvelle arriva à Versailles, le roi , la reine et toute la famille royale firent partir des pages et des écuyers qui arrivèrent à toute bride , pour savoir les détails de cet événement , et témoigner au prince et à la princesse l'intérêt que toute la Cour y avoit pris. Ce jour-là même, qui étoit la veille de Noel, M. de Penthièvre partit, l'après-dinée, pour aller à Sceaux, et assista, dans cette paroisse, à la messe de minuit et aux offices du jour; après les vêpres, il alla à Versailles remercier la Cour de l'intérêt qu'elle lui avoit témoigné dans cette circonstance.

l'on vit en 1751 à Paris un exemple rare de piété et d'amour conjugal, par la retraite aux Carmelites de madame la comtesse de Rupelmonde, dont le mari avoit été tué à l'armée : et la reine vint à Paris pour assister à sa prise d'habit. Cette dame carmelite écrivoit souvent à M. de Penthièvre, et toujours pour lui demander des secours pour des malheureux. Un jour, M. de Penthièvre lui fit cette réponse : « Vous n'êtes qu'une » quêteuse, Madame; où allez-vous donc » chercher tant de gens pour me mettre » à contribution? les affligés ont en vous » une excellente protectrice; il est impos- » sible de rien refuser à la manière dont

» vous demandez ; j'ai envoyé, Madame,
» les secours à la personne que vous m'avez
« recommandée par votre dernière lettre ;
» je serai toujours empressé, tant que les
» circonstances pourront me le permettre,
» à seconder vos vues charitables, et à
» vous assurer dans toutes les occasions du
» respectueux attachement avec lequel j'ai
» l'honneur d'être, Madame, votre très-
» humble et très-obéissant serviteur L. J.
» M. de Bourbon. »

L'on voit dans cette lettre, quoique
écrite à une simple religieuse, que M. de
Penthièvre conservoit les égards dus à la
naissance et à la qualité d'une dame qui
avoit été attachée à la Cour ; on y voit
encore que cette dame carmelite, quoique
morte au monde, n'en étoit pas moins
utile aux affligés et aux malheureux.

Combien d'autres remarques à faire auprès de cet excellent homme, si bienfaisant
par caractère, et reconnu surtout pour tel,
par les personnes qui se plaisoient comme
lui à faire le bien dans le secret, sans appa-

reil, sans ostentation. Tous les êtres heureusement nés ont un attrait les uns pour
les autres ; ils se recherchent et s'unissent
facilement pour opérer ensemble ce qu'ils
ne peuvent faire séparément. Un de ces
hommes vertueux, accoutumé aux actions
de bienfaisance, en avoit une fort à cœur,
mais pour laquelle il falloit une réunion de
moyens. Deux prélats contribuoient déjà,
l'un pour une somme de cinq cents livres,
et l'autre pour une de six cents ; mais il en
falloit encore une plus forte que ces deux
réunies ; et c'étoit le digne archevêque de
Paris, M. de Beaumont, qui avoit pris
toutes les informations nécessaires pour
constater la vérité d'une circonstance qui
ressemblant à une aventure de roman, se
trouvoit pourtant une chose très-réelle, un
besoin véritablement urgent, et digne de la
sollicitude pastorale de M. l'archevêque.

Il étoit question de retirer une jeune dame
étrangère, d'une rare beauté, d'un hôtel
garni où elle se trouvoit retenue, faute
de pouvoir payer certaines dettes, et de

lui procurer les moyens de se rendre à La Haye, à une époque fixe, pour y former une demande à l'assemblée des Etats-Généraux. M. l'archevêque, qui donnoit les six cents livres, dit à la personne qui agissoit avec un zèle et une intelligence si louables : « Comment allez-vous faire main- » tenant pour obtenir le surplus et faire le » complément de la somme nécessaire ? Je » ne connois personne plus capable d'un » tel acte de générosité que M. le duc de » Penthièvre ; mais ce prince en fait tant » à ma connoissance, qu'il seroit indiscret » à moi de vous y adresser. » Malgré ce que le prélat avoit dit à ce sujet, la personne ne balança pas à s'adresser à M. de Penthièvre. Lorsque la demande en fut faite à ce prince, son premier mouvement fut de s'assurer de la vérité de ce qu'on lui exposoit ; il envoya prendre avec prudence et discrétion les informations nécessaires ; le rapport étant favorable et conforme à l'exposé que l'on lui avoit fait, sur-le-champ il fit exa- miner l'état de la caisse des secours, où il ne se trouva que peu de chose, parce que c'étoit presque la fin d'un quartier ; il dit à M. Mutrecy, son secrétaire, lequel a beaucoup contribué à cette bonne œuvre : faites tout de suite un mandat sur mon trésorier, de la somme de 2,400 livres : il signe le mandat. *Allez*, dit-il, *allez sur-le-champ chercher la somme, et portez-la à M. *** pour que cette dame puisse partir le jour que l'on lui a dit être nécessaire pour arriver à propos à La Haye.*

M. de Penthièvre étoit l'homme du monde qui mettoit le moins de prétention à ce qu'il faisoit de bien ; il sembloit n'y jamais penser ; toutes ses actions portoient l'empreinte de la bonté et de la simplicité même : il secouroit, il protégeoit, il conseilloit, il consoloit, sans s'apercevoir qu'il exerçât ces belles vertus ; c'étoit un don naturel en lui de ne point faire sentir sa grandeur et sa supériorité, qui se trouvoient toujours voilées par sa douceur, sa politesse et sa modestie.

Un évêque de Bretagne, M. Conen de

Saint-Leuc, évêque de Quimper, avoit été obligé de venir à Paris, à cause du dérangement de ses affaires domestiques ; ce pauvre prélat s'étoit fort endetté, se croyant obligé à une représentation dans sa ville épiscopale, où il y avoit eu, pendant le temps de la guerre, une forte garnison qui lui avoit occasionné plus de dépense que le modique revenu de son évêché ne pouvoit lui en permettre. Ce digne évêque étoit à Paris, allant à pied dans les rues comme un simple ecclésiastique, cachant sa croix qu'il ne mettoit en évidence que pour entrer chez M. de Penthièvre. Il y vint un matin avant qu'il y eût du monde ; M. de Penthièvre le reçut avec tous les égards dus à son caractère, et les préférences qu'il ne manquoit jamais de donner à l'infortune. Le prélat fit au prince l'exposé de ses peines et de ses embarras, et combien il étoit tourmenté de ne pouvoir pas payer ses dettes ; et il dit : *Monseigneur, si un successeur vouloit s'en charger, à cette condition je donnerois bien*

volontiers

volontiers au roi ma démission , et je me
retirerois dans un monastère.

M. de Penthièvre lui répondit, avec l'accent de l'amitié : « Que dites-vous donc,
» Monsieur l'évêque ? il ne faut pas nous
» reposer sur d'autres du soin d'acquitter
» nos engagemens ; un évêque ne doit point
» abandonner le troupeau qui lui a été
» confié ; vous pouvez vous faire un mo-
» nastère de votre maison épiscopale mê-
» me, et continuer vos fonctions auprès
» des âmes dont vous êtes chargé. » Ce
pauvre évêque fut si attendri d'entendre
parler ce prince avec tant de sagesse et de
bonté, qu'il se mit à pleurer, et les sanglots lui coupèrent la parole ; M. de Penthièvre le regardant avec une douceur admirable, lui mit la main sur le bras et lui
dit : « Que faites-vous donc, M. l'évêque ?
» n'oubliez pas, je vous en prie, que vous
» êtes évêque , et que ce caractère doit
» donner de la force et du courage dans
» l'adversité : allons, allons, Monsieur
» l'évêque, rassurez-vous ; il faut se con-

» former aux circonstances, et se fortifier
» contre le malheur ; prendre des résolu-
» tions fermes, raisonnables, et s'y tenir.
» Vous devez savoir mieux que moi, que
» quand l'homme a fait ce qu'il doit, jamais
» la Providence ne manque de faire le
» reste ; comptez sur elle et ne vous cha-
» grinez pas. » Par ces paroles, pleines de
sagesse et de bonté, M. de Penthièvre ra-
mena l'évêque à un état de tranquillité, et
même de sécurité qu'on ne pouvoit guère
attendre dans une position aussi critique
que la sienne. Ce prélat malheureux dut
bien penser que les mots de Providence,
dans la bouche de M. de Penthièvre, ne
pouvoient pas être de ces expressions in-
signifiantes, et que l'on pouvoit compter
sur lui : la manière seule dont ce prince
les prononça, me le fit bien penser ainsi.
Mais je n'ai plus entendu parler de l'évêque,
dont sans doute les affaires se sont depuis
arrangées à sa satisfaction.

On a dit que M. de Penthièvre n'étoit
point l'homme de son siècle ; il ne m'ap-

partient pas de prononcer sur cette observation ; tout ce que je puis dire à cet égard ,
c'est que je n'ai vu aucun homme qui lui
ressemblât. Dans ce siècle où l'on parla tant
philosophie, je ne sais pas si M. de Penthièvre pouvoit ou devoit être regardé
comme un des *philosophes* de son temps ;
mais j'ai tant vu de ces messieurs à qui on
donnoit cette qualité, et qui lui ressem-
bloient si peu, que je ne crois pas qu'il
le fut, au moins à leur manière.

Mais si la véritable philosophie est ce
sentiment épuré et sanctifié par son propre
objet; si c'est la connoissance approfondie
des devoirs de l'homme envers Dieu et
envers ses semblables ; si elle consiste à savoir admirer sagement et raisonnablement
ce bel ordre, cette admirable harmonie établie dans toute la nature ; si c'est de savoir
s'élever, par la contemplation de ce grand
tout, pour arriver au trône du créateur ;
si c'est de savoir diriger toutes ses affections vers cette sagesse éternelle qui a fait,
gouverne et conserve toutes choses ; si c'est

enfin lui soumettre sa volonté, et se tenir constamment dans le respect devant elle, adorer ses loix, et méditer continuellement sa parole, l'avoir constamment dans le cœur, et le prouver surtout par ses actions, certainement M. de Penthièvre fut un grand et très-grand philosophe; lui qui dans un rang si élevé, et par conséquent si dangereux, a prouvé par toutes les actions de sa vie, le merveilleux assemblage des dons de Dieu, avec la soumission que l'homme lui doit. Voilà ce me semble la véritable philosophie, et ce fut celle de M. de Penthièvre. Il ne fut ni raisonneur ni analyste. Nous avons recueilli quelques-unes de ses pensées, qui nous donneront des notions justes de ses principes sur l'esprit dominant de son siècle; et nous y verrons en même temps que l'adulation, la flatterie et la louange recevoient toujours de lui un accueil froid et sérieux; il étoit trop doux, trop poli pour y mettre de la rudesse et de l'aigreur; mais il les repoussoit par son silence ou par quelques mots d'improbation.

Un jour, une personne, qu'il voyoit pourtant assez habituellement, croyant lui faire sa cour, lui dit qu'il s'étoit trouvé dans une société de personnages très-connus, qu'il nomma, et qui tous, par un sentiment d'admiration, s'étoient empressés à faire l'éloge de S. A. Après avoir laissé dire à cette personne ce qu'elle voulut, il lui répondit, sans quitter le sérieux avec lequel il l'avoit écouté, mais l'âme profondément peinée : « Est-ce que vous ne me connois-
» sez pas; croyez-vous donc que je doive
» être bien flatté de tout ce que vous venez
» de m'apprendre ? Je remercie ces mes-
» sieurs de ce qu'ils ont bien voulu dire
» d'obligeant sur mon sujet ; mais je vous
» assure que j'aimerois bien mieux qu'ils
» voulussent bien ne pas penser à moi
» du tout, et qu'ils me laissassent dans mon
» coin pour ce que je suis........ Mais
» sans doute que ces messieurs ne me font
» pas l'honneur de me compter parmi leurs
» partisans ou leurs disciples.... Je ne le
» mérite pas, les gens de ma sorte ne sont

» que des *idiots*, des *imbéciles*. Je ne dois
» leur paroître qu'un homme à préjugés,
» un superstitieux...... Monsieur, quoi-
» que je ne dise rien et que vous ne m'en-
» tendiez jamais parler sur aucun sujet,
» je n'en sais pas moins tout ce qui se passe
» dans le monde, et ce qu'il m'est néces-
» saire de connoître : je suis instruit depuis
» long-temps de ce qui se trame, se pro-
» jette et s'exécute ; je ne juge personne,
» je n'accuse personne ; mais je sais que le
» nombre est bien grand des gens à qui
» l'ordre de choses actuel déplait, et contre
» lequel on conspire ; si vous l'ignorez,
» c'est que vous n'êtes pas encore initié
» dans le mystère, qui pourtant n'en est
» plus un. Eh bien ! je vous le dis, moi, on
» en veut au trône, au sacerdoce et à la
» noblesse ; la religion est *fanatisme ;* la
» révélation, des *contes bleus ;* Dieu lui-
» même n'est pas épargné, quoique son
» existence se trouve empreinte dans tout
» ce que nous voyons : ce qui n'étoit insi-
» nué que par la fougue des passions et le

» délire du libertinage, on l'enseigne, on le
» réduit en principes, et cela est soutenu
» par les partisans d'une *philosophie* que
» l'on dit moderne, mais qui n'est pas si
» nouvelle, car ces messieurs n'ont pas le
» mérite de l'invention. Il y en a eu d'autres
» qui ont dit les mêmes choses; mais mal-
» heureusement le siècle actuel est plus
» disposé à recevoir ces pernicieuses le-
» çons. On veut bouleverser le monde!...»
Ce prince, véritablement affecté de ce
qu'il venoit de dire, finit par ces mots :
En voilà assez. A ces dernières paroles de
M. de Penthièvre il n'y avoit rien à répli-
quer, et la personne à qui il les adressoit
vit bien qu'elle avoit fait une fausse démarche.

M. de Penthièvre parloit peu, mais toujours avec un grand sens; ses expressions
étoient laconiques et claires; il ne se servoit
jamais envers personne de paroles ni dures
ni méprisantes, ni familières; à tous les
noms, excepté les personnes de sa maison,
il joignoit toujours le *monsieur* ou *madame,*

et ne quittait jamais, dans la conversation, le ton doux, poli et modéré. Dans certains momens, des traits d'énergie donnoient à ses paroles beaucoup de force ; et elles ne manquoient jamais d'aller au cœur : il avoit de même des éclairs de gaieté et d'enjouement, qui prétoient à tout ce qu'il disoit un charme inexprimable ; ce qui le rendoit le plus aimable des hommes.

Lorsque les circonstances le demandoient, il parloit sur toutes sortes de sujets d'une manière admirable ; on voyoit une élévation et une noblesse dans ses pensées, qu'il exprimoit toujours avec beaucoup de dignité et de grandeur : il avoit particulièrement dans les yeux et dans le regard quelque chose de céleste, de si doux et de si ravissant, qu'il étoit impossible de l'entendre sans être persuadé et convaincu de ce qu'il avoit dit ; il ne pensa jamais à disserter sur les vertus, il s'en tint uniquement à les pratiquer.

Cœur sensible et généreux, il n'exista que pour la tendre amitié ; il honora l'humanité par sa sagesse, il fit le charme et les délices de la société par son amabilité et sa douceur; il fut le consolateur des affligés, le soutien du foible, et l'ami du pauvre et de l'homme souffrant; il aimoit tout le monde sans exception, et ne connut jamais la jalousie. Il admiroit le génie, la science, les savans et les hommes de mérite, et en parloit avec estime, proportionnant toujours les égards et les attentions qu'il avoit pour eux, au degré d'utilité de leurs talens. L'on ne remarquoit dans toute sa conduite, ni manie, ni caprices, ni fantaisies particulières; toutes ses intentions étoient pures et sans mélange de passions humaines. Il faisoit le bien pour le bien même; occupé essentiellement de sa conduite, il ne paroissoit point faire attention à celle des autres, et s'il s'apercevoit de quelques défauts, ou si l'on lui faisoit quelques rapports, il étoit toujours prêt à pardonner les torts, et à excuser les défauts.

Avec des facultés morales très-étendues, un jugement profond, des pensées justes, ce prince se plaignoit des bornes de l'esprit humain, et de l'instabilité des choses du monde. « Les sciences exactes ont quelque » précision et quelque justesse , disoit ce » sage ; mais il n'y a que ce que la Foi et la » révélation nous enseignent qui soit vrai, » certain et infaillible ; au reste le monde » est un théâtre qui change de décorations » suivant les scènes qui s'y jouent, et qui » varient à l'infini. »

1785.

Mort du duc de Choiseuil.

Mais, reprenons, il en est temps, la marche historique de ces mémoires. En 1785 mourut M. le duc de Choiseuil ; quoique la succession de ce seigneur fût absolument étrangère à M. de Penthièvre, néanmoins elle augmenta encore ses possessions. Je ne sais pourquoi l'on a dit que M. de Choiseuil devoit quatre millions au roi, et que pour le paiement de cette somme la terre d'Amboise étoit rentrée dans ses mains. Le trésor royal faisoit à M. de Penthièvre deux cent mille livres de rente pour des reliquats de paiemens, tant à cause de l'échange de la principauté de Dombes, que d'autres objets. Les ministres, pour décharger le trésor royal de cette rente, offrirent à M. de Penthièvre les terres d'*Amboise*, *de Chanteloup*, et *de Montrichard*. Quoique ces objets ne valussent pas la rente, M. de Penthièvre les accepta en bon père de famille. Voilà donc encore de nouvelles propriétés et de nouvelles occasions d'exercer sa bienfaisance et sa charité; car où ne trouvoit-il pas des pauvres et des indigens !

La maison de Chanteloup offrit à M. de Penthièvre une seconde habitation près de la Loire ; mais bientôt après il en eut une troisième encore plus au bord de ce fleuve qui arrive majestueusement au pied du rocher sur lequel est situé l'ancien château d'Amboise, qu'habitèrent jadis quelques-uns de nos rois. Ce n'étoit plus qu'une espèce de vieille forteresse, dans l'enceinte de laquelle se trouvoit une collégiale, quelques corps de logis entremêlés de ruines ; une compagnie d'invalides avec leurs officiers y demeuroit ; l'on y voyoit encore une manufacture de boutons pour l'habillement des troupes. Tout cet édifice ne présentoit qu'un aspect assez triste ; l'entrée, surtout du côté de la ville, étoit hideuse et rebutante, et d'une roideur insupportable.

Au contraire, la maison de Chanteloup, comparée à ce vieux château, étoit une habitation délicieuse ; cependant M. de Penthièvre lui préféroit les masures d'Amboise, à cause de sa rare situation et de sa collégiale ; et il désira y avoir un pied-à-terre, lorsqu'il alloit dans cette église pour assister à l'office.

La ville d'Amboise gagna beaucoup à ce nouvel arrangement qui la rendit plus vivante et mieux ornée dans la partie du château ; et les braves invalides se trouvèrent très-bien du voisinage des cuisines du prince. Pendant les travaux qui se firent dans le château d'Amboise, des ouvriers présentèrent

présentèrent un mémoire contre le maître maçon, qui étoit de Sceaux. M. de Penthièvre garda ce mémoire, parce que dans ce moment il attendoit l'arrivée du directeur de ses bâtimens. Quand il fut venu, il lui remit ce mémoire en lui disant : Pourquoi faites-vous donc venir de Sceaux en Touraine, un maître maçon ? il y en a d'aussi bons dans ce pays-ci. Vous savez bien que mon intention est que toutes mes dépenses dans les différens lieux tournent à l'avantage de ces lieux mêmes : les ouvriers d'Amboise ne peuvent pas voir d'un bon œil un étranger venir faire des bénéfices chez eux. Le directeur donna des excuses ; mais le bon prince finit par dire : *Vos raisons peuvent être bonnes, mais moi, ce que je désire particuliérement, c'est l'amitié de tout le monde partout où je vais.*

Visite d'un Persan.

Il est très-certain que la réputation de M. de Penthièvre s'étendoit plus loin même que l'Europe, et en voici une preuve incontestable. Un homme de lettres, qui avoit une maison à Sceaux, M. de Corancé, et qui voyoit souvent M. de Penthièvre, vint un matin un peu plutôt que l'heure des visites, accompagné d'un monsieur de fort bonne mine; il demanda s'il pouvoit entrer seul un instant; on lui dit que oui. Ayant salué le prince, il lui dit : Monseigneur, V. A. auroit-elle la bonté de me permettre de lui présenter un Persan qui arrive d'Ispahan où il dit qu'il a toute sa vie entendu parler de V. A.; il brûle du désir d'en connoître la personne, et de vous voir; Monseigneur, ce monsieur s'appelle Rousseau, et est un cousin germain de J. J. Rousseau de Genève.

Que dites-vous là, Monsieur de Corancé, ce monsieur a entendu parler de moi à Ispahan ! — Monseigneur, je dis la vérité.—Je serai ravi de voir ce monsieur-là; et on le fit entrer. M. Rousseau le Persan se présenta de la meilleure grâce du monde; M. de Penthièvre lui dit agréablement : — Monsieur, je suis ravi de vous voir. C'est une chose bien rare pour moi de voir un Persan, et je dois vous savoir bon gré de me procurer cet avantage : vous venez, Monsieur, de faire un bien long voyage, mais bien précieux en même temps pour vous. — Infiniment, Monseigneur, puisqu'il me procure le bonheur de connoître V. A. S. La conversation s'engageant entre le prince et l'étranger, devint très-intéressante ; M. de Penthièvre fit beaucoup de questions sur la Perse, sur Ispahan, sur la Personne et la Cour du Sophi, sur ses qualités personnelles, sur sa famille et son sérail, sur les mœurs des Persans, sur leur religion, sur la différence des sectes d'Ali et d'Omar, et sur ce qu'il y avoit de plus curieux en Perse.

Les objets dont on parla donnèrent lieu d'examiner la carte de la Perse, pour y remarquer différens endroits, et particulièrement la route que M. Rousseau avoit suivie pour venir d'Ispahan à Bagdad, et l'endroit où une caravanne fut couverte de sable et des Français dévorés des mouches. Le Persan fit ses applications et ses réponses si justes, si intelligibles, et dans des termes si convenables, que **M.** de Penthièvre en fut étonné et lui dit : — Comment, Monsieur Rousseau, vous êtes né en Asie ! voilà le premier voyage que vous faites en Europe ! il semble au contraire que vous soyez né parmi nous ; vous en avez parfaitement les manières et le langage ; vous me ravissez, Monsieur, et vous m'étonnez...... — Monseigneur, répond **M.** Rousseau, c'est moi qui dois être surpris de l'entendre parler de la Perse comme si **S. A.** y avoit voyagé et qu'elle connût la Cour et la ville d'Ispahan. — Ah! Monsieur Rousseau, nous nous piquons d'être polis en France ; mais nous le sommes bien moins que vous : mais, Monsieur, comment avez-vous pu vous familiariser si bien avec nos manières et nos usages et notre langue ? — Monseigneur, il y a en Perse beaucoup d'Européens, et particulièrement à Ispahan ; Français, Italiens, Suisses, Génevois et Allemands, presque tous parlent Français : c'est la langue le plus en usage , celle dans laquelle on élève les enfans pour les arts et le commerce , à cause même de la différence des communions. Presque tous les Européens , en Perse , sont des hommes instruits et curieux , qui se recherchent , se fréquentent , et dont la conversation est le principal amusement ; elle roule toujours sur les objets les plus intéressans ; sur les hommes distingués par leurs lumières et leurs talens ; sur ceux surtout qui par leur illustre origine , leur puissance et leurs vertus , fixent toute l'attention de l'esprit , et s'impriment dans le cœur et dans la mémoire. C'est ainsi, Monseigneur , que j'ai toute ma vie entendu parler de V. A. S. ; et voilà ce qui me procure, dans ce moment , l'honneur de m'entretenir avec elle , avantage qui contribuera à rendre mon voyage infiniment précieux pour moi. — Ah! Monsieur Rousseau , vous êtes trop honnête et trop obligeant ; je ne mérite pas des choses aussi flatteuses et aussi bien exprimées.

Cette visite fit à M. de Penthièvre le

plus grand plaisir. Si le spirituel étranger
montra un mérite et des qualités très-dis-
tinguées, M. de Penthièvre ne fut pas moins
aimable, et eut pour lui tous les égards,
la politesse et les déférences qu'on accorde
au mérite ; il lui dit entre autres choses
honnêtes : Monsieur Rousseau, il paroît
bien que l'esprit et les grands talens sont
héréditaires dans votre famille ; un de vos
parens a rendu votre nom bien célèbre dans
le monde.—*Beaucoup trop*, *Monseigneur*,
beaucoup trop, répliqua modestement l'é-
tranger, en se retirant.

1787.

Assemblée des Notables.

Cependant l'instant approchoit où la
force des circonstances alloit arracher M.
de Penthièvre à la douce obscurité dans
laquelle il aimoit tant à se renfermer.
Les finances étoient dans un délabrement

qui fit désirer les moyens d'y remédier (1).
On imagina une assemblée de Notables ,
c'est-à-dire , d'hommes choisis dans les
trois ordres de l'état, le clergé , la noblesse
et le tiers état. Cette assemblée fut convo-
quée pour le 29 janvier ; mais des raisons
particulières en firent remettre l'ouverture

---

(1) Ce prince désirant connoître, dans le plus grand
détail, tout ce qui concernoit les finances et les
impositions , invita son secrétaire , M. Mutrécy,
homme de beaucoup d'esprit et très-versé dans l'administration , à avoir avec lui une conférence pendant les huit jours qu'il passa à Arminvilliers , avant
l'assemblée des Notables.

Son secrétaire lui donna tous les élaircissemens
qu'il pouvoit désirer, sur la taille, la capitation ,
les vingtièmes, le don gratuit du clergé, les pays
d'états, et sur tous les impôts perçus dans le royaume,
en y ajoutant les améliorations ou diminutions dont
ils pouvoient être susceptibles.

Ce prince fut très-satisfait de cette conférence,
ainsi que toutes les personnes qui y assistèrent ; et
il est certain qu'elle lfit tant d'honneur à M. Mutrécy, que le prince dit publiquement : *Mon secrétaire est en état d'être contrôleur général des finances
du royaume.*

au 22 février. Elle fut composée de cent trente-sept personnes, non compris les princes du sang, au nombre de sept, qui présidèrent l'assemblée, divisée en sept bureaux, pour la facilité du travail ; les princes étoient, les deux frères du roi, Monsieur et M. le comte d'Artois, M. le duc d'Orléans, M. le prince de Condé, M. le duc de Bourbon, M. le prince de Conti et M. le duc de Penthièvre.

Dans chacun des bureaux de l'assemblée il y avoit des membres des trois ordres, savoir : huit archevêques, huit évêques, deux abbés, huit maréchaux de France, douze ducs, comtes, onze marquis, dix barons, un conseiller d'état et maîtres des requêtes, douze membres des parlemens, des chambres des comptes, des cours des aides et des conseils souverains, trente-sept membres des bailliages ou sénéchaussées et vingt-huit maires.

Louis XVI, à l'ouverture de cette assemblée, fit un discours touchant, dans lequel il invitoit chacun des membres à l'aider de ses conseils pour améliorer les finances de l'état. Avant que d'aller à la salle des notables, il entendit une messe basse à la chapelle, accompagné des princes seulement ; il étoit dix heures et demie quand il monta dans sa voiture, avec M. le duc d'Orléans, M. le prince de Condé, M. le duc de Bourbon, et ses deux frères à ses côtés. M. le prince de Conti et M. le duc de Penthièvre s'y rendirent dans leurs voitures, en ayant chacun une qui les précédoit, et dans laquelle étoient leurs premiers officiers.

Le roi avoit le même cortège que lorsqu'il alloit au *Te Deum* à Paris. Après son discours, M. le contrôleur-général exposa les objets qui devoient être traités dans l'assemblée. M. le premier président du parlement de Paris se leva, pour remercier le roi de l'amour qu'il témoignoit à ses peuples : M. l'archevêque de Narbonne dit ensuite que s'il eût su qu'il y eût d'autres discours que ceux du roi et de ses ministres, son ordre, comme le premier de l'état, eût été le premier à témoigner à S. M. la reconnoissance de la sollicitude qu'il témoignoit pour les intérêts de son peuple.

Un des secrétaires de l'assemblée lut la liste des membres qui devoient former chaque bureau ; et en outre une déclaration portant que S. M. ne prétendoit pas nuire aux prétentions des personnes qui composoient l'assemblée, relativement aux rangs où elles se trouvoient placées ; on leva la séance, et le roi repartit avec le même cortège.

Le lendemain il y eut encore une assemblée générale, à onze heures du matin, qui fut présidée par Monsieur, frère du roi : l'histoire conservera sans doute la liste de tous les notables, et les différens objets qui furent traités à leur assemblée ; je me contenterai seulement de rapporter ici la liste des membres qui composèrent le bureau de M. le duc de Penthièvre.

M. l'archevêque de Bordeaux, de Cycé.
M. l'évêque du Puy, Galand de Terraube.

M. Le maréchal duc de Mouchy Noailles, cordon bleu.

M. le duc de Croy, lieutenant-général, cordon bleu.

M. le comte de Périgord, lieutenant-général, cordon bleu.

M. le marquis de la Tour-du-Pin, gouverneur, lieutenant-général, cordon bleu.

M. Boutin, conseiller d'état.

M. le premier président du parlement de Toulouse, représenté par le P. Senot.

M. le premier président du conseil souverain du Roussillon, M. Malartic.

M. le procureur général du parlement de Rouen, M. de Belbeuf.

M. le procureur-général du parlement de Flandre, M. de Beaumé.

M. le procureur-général du parlement de Nancy, M. de Marcol.

M. le procureur-général du conseil souverain du Roussillon, M. de Vilard. Il mourut à Versailles.

M. l'évêque de Dol, député du clergé de Bretagne, M. Hercé.

M. le maire de Caen, le comte de Vendéuvre.

M. le maire de Montauban, M. de Lamotte, chevalier de Saint-Louis.

M. le maire de Nantes, M. Giraud du Plessis.

M. le premier échevin de Paris, M. Goblet.

Pendant toute la tenue de l'assemblée des notables , M. de Penthièvre y assista avec l'exactitude la plus scrupuleuse; et fut le seul des princes qui tînt un état de maison et qui eût tous les jours une table de quarante couverts.

Mais il ne se borna point à donner des fêtes aux notables ; il les édifia par sa sagesse et les étonna par la profondeur de ses connoissances. Il écoutoit tous les membres avec une attention singulière, parloit lui-même à propos, avec clarté et précision ; il mettoit toujours dans ses discours , cette réserve modeste , ce doute , cette crainte qui est l'opposé de la présomption , et qui donne tant de force à la parole ! Autant il paroissoit craindre de s'éloigner de la question dont il s'agissoit , autant il avoit l'art d'y ramener les autres lorsqu'ils s'en écartoient , mais avec cette douceur et cette politesse qui portent avec elles la lumière et la persuasion. On ne sait ce qu'on doit admirer le plus dans M. le duc de Penthièvre , disoient les membres

de

de son bureau, ou la solidité de ses lumières et de son jugement, ou son admirable modestie. Dans les premiers jours,
ce travail le fatigua beaucoup à cause des
grands objets que l'on avoit à traiter ;
mais bientôt il les saisit de manière à se
rendre la chose facile, parce qu'il avoit
une excellente judiciaire, l'habitude du
travail et l'exercice de l'administration particulière d'une grande fortune, qu'il avoit
surveillée avec soin toute sa vie. Il fut
donc bientôt en état de s'acquitter glorieu-
sement de sa présidence.

L'on ne fut pas long-temps à savoir
comment ce vertueux *citoyen* pensoit, et
les dispositions où il étoit pour que l'on
fît de grands sacrifices pour remédier au
délabrement des finances. Son cœur et son
esprit étoient vivement affectés ; et on ré-
petoit avec de grands éloges ce que l'on lui
avoit entendu dire sur ces importans objets.
Tout le monde redoubloit d'admiration
pour son dévouement à la chose publique.

La reine désira avoir un entretien avec

ce prince sur les circonstances présentes ; elle envoya lui demander le moment où il pourroit avoir lieu : M. de Penthièvre fit réponse qu'elle n'avoit qu'à en indiquer le le jour et l'heure. Cette conférence eut lieu, et fut assez longue ; ce qui fit aussitôt le sujet de toutes les conversations ; et, comme il arrive toujours, chacun imagina une version à sa manière ; mais l'opinion la plus accréditée fut que M. de Penthièvre avoit dit entre autres choses à la reine : *Madame, le déficit est un gouffre dont on ne peut sonder le fond ; je conseille à V. M. de prendre des résolutions fermes, et que désormais elle ne s'habille plus que de serge, et que le roi ne porte plus qu'un habit de bure.*

Voilà pourtant de ces invraisemblances, de ces impertinences, de ces choses absurdes et ridicules, que l'on fabrique, qui circulent et qu'une foule de gens croient. Mais quelle apparence que M. de Penthièvre, qui étoit l'homme de France le plus poli, celui de la Cour qui en connoissoit mieux l'esprit et les usages, ait employé envers la reine, des hyperboles, des figures outrées et peu polies, lui qui avoit une élocution facile, élégante, et qui parloit sa langue dans toute sa pureté! Aussi quand on lui dit ce qui se débitoit sur son entretien avec la reine, il en gémit et haussa les épaules. Mais quoi qu'on ait dit de cet entretien, le prince parla sans doute à la reine avec autant de franchise que de politesse et de respect, et avec toute la force d'une âme pure et éclairée; ce qui parut bien sur son visage : quand il en revint, tout annonçoit en lui une âme satisfaite d'avoir fait une bonne action.

La dernière assemblée des notables se tint le 25 mai. Il sembloit que le bonheur public dût résulter de ses travaux ; mais un mauvais génie planoit sur la France, et nous devions voir les événemens les plus extraordinaires. Il y avoit long-temps que M. de Penthièvre voyoit son pays menacé d'une subversion prochaine, mais à la fin de l'assemblée des notables, ses craintes s'accrurent, ses pensées s'attristèrent, le chagrin s'empara de son âme, et il eut besoin de toute sa religion pour supporter un poids qui devenoit accablant. Ce fut dans cette assemblée qu'il s'aperçut encore plus évidemment des progrès et des funestes effets de l'esprit de son siècle, et qu'il en put calculer les suites.

Dans ce temps-là, une dame lui dit : Vous avez été à même, Monseigneur, de connoître le fond de nos affaires, et ce que nous avons à craindre ou à espérer. *Madame, je n'en ai guère plus appris que ce que j'en savois, répondit-il; j'en ai seulement eu la confirmation. S'il n'y avoit que le déficit dans les finances, il seroit possible d'y remédier; mais on ne le fera pas, on veut tout détruire.*

Différens voyages.

Immédiatement après la clôture de l'assemblée des notables, le prince partit le 4 juin 1787, pour parcourir les bords de la

Loire ; il alla à Châteauneuf, à Amboise, revint sur ses pas, alla à Nevers, à Bourbon l'Archambeau, où il resta quelques jours avec madame la princesse de Conti, qui y prenoit les eaux, et où il visita tous les anciens monumens de la maison de Bourbon.

Le 11 juillet il se rendit au monastère de Sept-Fonds. Il y avoit long-temps qu'il désiroit connoître cette maison et son abbé, homme rare pour son savoir, sa haute piété et sa grande austérité. Dans l'une des conversations du prince avec le père Abbé, ce dernier lui dit : — Vous avez une grande fortune, Monseigneur ; ce sera un grand compte à rendre à Dieu. — Oui, cher Abbé ; aussi je sens tout le besoin que j'ai de sa miséricorde ; — Vous faites tout ce qu'il faut pour la mériter, Monseigneur ! Ce supérieur fit voir au prince tous les exercices de sa maison ; il le conduisit au travail des religieux, qui étoient à moissonner. Le père Abbé présenta à M. de Penthièvre une faucille qu'il prit

d'un air soumis et respectueux : il se baissa
et coupa deux ou trois poignées de blé.
Le père Abbé lui dit : *En voilà assez,
Monseigneur ; cela suffit pour l'édification
de nos religieux.* Les entretiens de ces
deux hommes furent courts , mais ins-
tructifs et intéressans.

M. de Penthièvre repartit de Sept-Fonds
le 13 pour Nevers, Châteauneuf, et revint
le 16 juillet à Paris. Vers ce temps-là l'on
vit s'élever une nouvelle lutte entre le roi
et les parlemens , au sujet de l'enregistre-
ment , des assemblées provinciales , du
timbre , etc. Vinrent ensuite ces supplica-
tions , ces remontrances prétendues respectueuses , et qui dans le fond n'étoient que
des actes de rébellion contre l'autorité
royale. La première convocation des Etats-
Généraux fut faite , à cette époque , par un
conseiller clerc.

M. de Penthièvre , qui voyoit où ten-
doient toutes ces choses, en gémissoit dans
l'intérieur de son appartement : nous le
surprenions souvent baigné de larmes, il

cherchoit à nous les cacher, mais vainement, nous ne nous en apercevions que
trop; ce qui pourtant n'occasionna jamais
le plus petit mouvement d'humeur de sa
part. Quelques angoisses qu'il éprouvât, il
nous témoignoit toujours la même douceur,
la même bonté; et à mesure que cette belle
âme s'épuroit dans le creuset des peines,
elle acquéroit plus de perfection.

Le 25 juillet, le prince alla à Châteauvillain. C'est là qu'il apprit que tous les
membres du parlement de Paris avoient,
dans la nuit du 15 au 16 août, reçu des
lettres de cachet qui leur ordonnoient de
se rendre à Troyes. M. de Penthièvre, recevoit ses lettres le matin avant son lever;
A la lecture d'une entre autres, il fit un
cri et dit: *O mon Dieu!* J'en fus effrayé:
cependant je n'osai pas lui demander ce que
c'étoit; mais il eut la bonté de me dire :
Le parlement de Paris est à Troyes. —
Exilé ou transféré? — *Transféré*, me
dit-il. Voulant tâcher d'adoucir la peine où
je le voyois, je lui dis : — Mais, Mon-

seigneur, je ne vois point que cela vous doive tant affliger ; pareille chose est souvent arrivée. — Ah ! mon pauvre F. . . . les temps sont bien différens ! Et en élevant les yeux au ciel, il dit : *O mon Dieu ! ayez pitié de la France !* Il se préparoit ce jour-là à revenir à Paris, et devoit passer par Troyes. Le 19 il vint coucher à Clairvaux ; il y séjourna.

Voyage à la Trappe.

Revenu de la ville d'Eu, au mois d'octobre, à Vernon, de là à Anet, il alla à la Trappe revoir ses bons amis qu'il n'avoit pas vus depuis un an. Etant un soir dans une petite salle où il mangeoit, accompagné du père abbé et de deux autres supérieurs de la maison, M. de Penthièvre leur dit : — C'est moi qui ai vu cet été de véritables religieux, de véritables pénitens ; vous n'êtes à la Trappe que des Messieurs, des élégans et des petits-maîtres ;

il faut aller à Sept-Fonds pour voir des hommes réguliers et exemplaires ! Don Sellerier de la Trappe, qui étoit là, et que M. de Penthièvre aimoit beaucoup, lui répondit :—oui, Monseigneur, on est plus austère et plus régulier à Sept-Fonds qu'à la Trappe.—Oui, oui, de beaucoup, ajouta le prince en souriant. — En ce cas-là, Monseigneur, si Messieurs de Sept-Fonds sont plus ascétiques que l'on ne l'est à la Trappe, ce sont ou de grands Saints ou de grands foux ; car il me semble que les tours de force que l'on nous fait faire ici doivent suffire au moins pour le physique ; car à l'égard de la vie intérieure, il n'y a point de bornes.

Immédiatement après ce voyage de la Trappe, M. de Penthièvre retourna sur les bords de la Loire et en Touraine. Ce pays éprouvoit alors une disette de grains qui faisoit bien des malheureux. M. l'archevêque de Tours venoit souvent le voir à Amboise ; il dit un jour au prince : — Monseigneur, avec les secours infinis que V. A. répand dans ce pays, il seroit digne de vous de rendre un grand service en particulier à la ville de Montrichard. — Et comment, Monsieur l'archevêque? — Monseigneur, ce seroit d'y faire diminuer de moitié les droits de halle qui dégoûtent les cultivateurs d'y apporter du grain autant que cette ville en a besoin.

« Ah! mon cher Archevêque, dit le
» prince, que vous me faites plaisir de me
» faire connoître une obligation si puis-
» sante! je vais sur-le-champ, et devant
» vous, écrire à mon conseil, pour qu'il
» exécute mes intentions à cet égard. »
Ce qui fut fait avec autant de promptitude que la chose en pouvoit exiger. L'on ne fut pas long-temps à s'apercevoir des heureux effets de cette diminution de droits de halle, et la ville de Montrichard nomma une députation pour venir à Amboise remercier M. de Penthièvre de ce bienfait. La personne chargée de porter la parole, s'en acquitta parfaitement bien, et dit au

prince des choses attendrissantes auxquelles il fut très-sensible, et il y répondit avec l'accent de la sensibilité, en ces termes :

« Mon plus grand désir a toujours été que
» l'on me regardât, dans toutes mes terres,
» moins comme le seigneur que comme
» l'ami de tous les habitans ; c'est ce que je
» vous prie, Monsieur, de bien assurer à
» la ville de Montrichard. »

Quelque temps après le retour de M. de Penthièvre à Paris, M. l'archevêque de Tours lui écrivit : « Monseigneur, depuis
» que V. A. S. a quitté notre malheureux
» pays, la misère s'y est accrue au point
» que, particulièrement à Montrichard,
» les gens les plus aisés sont réduits à
» manger du pain d'orge, et les pauvres
» du pain d'avoine. Il faut encore, Mon-
» seigneur, pour venir au secours de cette
» ville, que pour le moment V. A. aban-
» donne la totalité des droits de halle, et
» s'il étoit possible, Monseigneur, par
» votre protection, de nous procurer des
» grains, ce seroit l'action la plus digne

» du cœur bienfaisant de V. A. S. »

Lorsque M. de Penthièvre reçut cette lettre, il avoit dans ce moment le bras dans une petite baignoire pour le pansement d'un vésicatoire; il envoya chercher le principal administrateur de ses affaires, et lui dit : « P... voilà une lettre de » M. l'archevêque de Tours, qui me dé- » chire le cœur; il faut promptement, et » sans perdre un instant, faire l'abandon » total des droits de halle à Montrichard, » et aviser à tout ce qui peut dépendre » de nous pour procurer des grains et des » secours à la partie de la Touraine où » sont mes biens. » M. P.... voulut représenter au prince, que si l'on abandonnoit pour le moment les droits de halle, il ne seroit plus possible de les rétablir. « Qu'importe, dit le prince; je n'y tiens » pas, non plus qu'aux autres droits sei- » gneuriaux. — Mais, Monseigneur, la » halle et les ustensiles de mesurage vous » appartiennent. — Eh bien , je les leur » prêterai s'ils en ont besoin, ou s'ils ne » veulent

» veulent pas s'en servir, je les laisse libres
» de faire comme ils jugeront à-propos. »
M. P.... voulut faire d'autres observations; mais M. de Penthièvre, avec un
ton ferme, lui dit : « P...., quand je vous
» donne des ordres de cette nature, je ne
» vous demande point de réflexions; je
» veux être obéi, *hic et nunc* : voilà com-
» me vous êtes, vous autres gens de nos
» conseils; vous résistez à nos intentions
» justes, et souvent vous nous faites faire
» des choses qui ne nous conviennent pas ;
» le feu roi et le dauphin me l'ont souvent
» dit. Allez tout de suite examiner par
» quels moyens nous pourrions procurer
» des secours à Amboise, à Montrichard
» et aux environs, et vous viendrez sur-le-
» champ m'apprendre le succès de votre
» mission. »

Eh bien ! des intentions si pures, des actions si nobles, si généreuses et si louables
donnèrent pourtant lieu de répandre des
soupçons jusque sur M. de Penthièvre,
que l'on voulut faire passer pour un agio-

teur et un marchand de blé, lui qui le donnoit ! mais personne ne le crut ; sa réputation étoit trop bien établie depuis un demi-siècle ; mais cela prouve que les meilleures actions ne sont pas à l'abri de la calomnie. A peu près dans le même temps, la commune d'Anet se trouva dans une grande disette : la cherté du blé mettoit dans l'impossibilité de s'en procurer. La personne chargée de l'administration de cette terre pour M. de Penthièvre, vint le trouver à Vernon, pour lui exposer la misère d'Anet ; le prince lui donna une ordonnance de *trois mille livres* sur son trésorier, pour procurer du secours dans le plus bref délai à la commune d'Anet.

1788.

Seconde assemblée des Notables.

M. de Penthièvre étoit lui-même son principal médecin ; il voyoit que sa santé s'affoiblissoit chaque jour par les peines de cœur qu'il éprouvoit ; il sentoit plus que jamais qu'il avoit besoin de changer de lieux et d'habitations. Toute sa vie il avoit eu l'organe de l'ouïe très-délicat; il crut s'apercevoir de quelques embarras dans le tympan; cela lui donna de l'inquiétude; il craignoit beaucoup la surdité, et il se laissa appliquer un vésicatoire au bras, remède peut-être bon, mais qui lui devint infiniment désagréable, et qui, joint aux circonstances, rendit son existence plus pénible. Sa santé ne lui permit pas d'être de la seconde assemblée des notables, qui se fit le 6 novembre 1788, et qui fut composée des mêmes membres que la première; depuis cette époque, M. de Penthièvre n'eut plus aucune part aux affaires publiques, qui prirent une très-mauvaise tournure au commencement de 1788, par la lutte des parlemens contre l'autorité royale.

Je ne parlerai que de ce qui aura quelques rapports avec M. de Penthièvre. La fermentation fut excitée d'abord par l'établissement projeté d'une cour plénière et

des grands-bailliages; la noblesse de Bretagne prit un arrêté qui déclaroit infâmes
ceux qui accepteroient des places dans ces
nouvelles administrations, et douze gentilshommes Bretons furent chargés d'apporter au roi cet arrêté. A leur arrivée à
Paris, ils s'informèrent où étoit M. de
Penthièvre; apprenant qu'il étoit à Sceaux,
ils vinrent l'y trouver. Le prince qui les
connoissoit tous, les reçut avec beaucoup
de cordialité, et leur dit : « Messieurs,
» vous devez me trouver bien changé; je
» ne suis plus qu'un pauvre infirme capable
» de bien peu de choses. »

Ces messieurs lui firent part du motif de
leur voyage, et de la démarche qu'ils devoient faire auprès du roi, vantant beaucoup tout ce que la noblesse de Bretagne
avoit généreusement fait dans tous les
temps, et particulièrement en faveur du
roi François Ier. M. de Penthièvre les laissa
dire tout ce qu'ils voulurent, et ne leur fit
qu'une seule question; il leur demanda
s'ils agissoient au nom des trois ordres de

la province de Bretagne. Ils répondirent
que *oui*, ce dont intérieurement M. de
Penthièvre doutoit, sans le leur manifester. Ces messieurs ne purent tirer aucune
conséquence de son silence, qui leur parut
sans doute dépendre encore plus de sa
santé que de sa prudence. Ils s'en allèrent,
et on ne les revit plus, parce qu'ils furent
mis à la Bastille.

Fort peu de jours après, étant à Paris,
un matin, on lui annonça un grand nombre
de Bretons, formant une députation de ce
que l'on nommoit alors l'ordre du tiers.
Ils avoient à leur téte, pour orateur, un
curé qu'on appelle en Bretagne *recteur;*
il fut facile à M. de Penthièvre de voir que
les têtes de cet ordre n'étoient pas.moins
chaudes que celles des nobles, et que
leurs raisons n'avoient pas plus de fondement; mais il vit aussi que la fermentation avoit fait de très-grands progrès en
Bretagne, et qu'il n'en pouvoit résulter que
de violentes secousses. Il se conduisit envers
cette seconde députation comme envers la

première, c'est-à-dire avec beaucoup de prudence et de discrétion, en les remerciant des égards et des attentions qu'elle lui témoignoit. Enfin les réponses qu'il fit à ces deux députations furent des adieux à toute la province de Bretagne, avec laquelle il n'eut presque plus de relations politiques et administratives.

1789.

Commencemens de la Révolution.

Qui pourroit se montrer assez indifférent à l'histoire de son pays pour ne pas être curieux de savoir ce que devint, ce que fit, au moment de la révolution, le duc de Penthièvre si universellement aimé, et dont le nom n'étoit prononcé qu'avec un sentiment de respect ?

Quand je n'aurois rien eu à dire jusqu'à présent de cet homme vertueux, ce qui le concerne dans la révolution mériteroit d'être connu de tout le monde. Hélas ! au milieu de tant de crimes, n'est-il pas con-

solant d'y trouver ses vertus , et de prouver
par son exemple , que quelques excès que
l'on puisse reprocher aux Français , il n'y
a peut-être point de nation au monde qui
fasse plus de cas de la véritable vertu , qui
honore autant les gens de bien et sache
mieux les connoître et les apprécier : j'en
ai pour preuve le temps où l'on faisoit les
plus grands efforts pour les *démoraliser* ,
et, pour me servir des expressions de ce
temps , les *déchristianiser.* Eh bien ! le duc
de Penthièvre , l'homme le plus moral et le
plus chrétien, n'en fut pas moins respecté
et honoré : sa conduite trouva encore des
sentimens que l'on n'avoit pu étouffer tout-
à-fait dans le cœur des Français : sentimens
qu'ils lui témoignèrent jusqu'à sa mort. La
Providence ne permit pas qu'ils se souillas-
sent d'un forfait de plus sur ce prince ; il
mourut à la veille d'être dépouillé de ses
biens, et entre deux dates tout-à-fait remar-
quables : quarante-deux jours après la mort
du roi , et trente-six jours avant le décret
de la Convention qui mit tous les mem-

bres de la famille des Bourbons en état d'arrestation, et leurs propriétés sous le séquestre.

J'ai fait voir qu'en 1787 et 1788 M. de Penthièvre avoit beaucoup voyagé dans l'intérieur de la France; et nous verrons que malgré l'extrême différence des temps, il voyagea de même en 1789, année orageuse et pleine d'événemens politiques, aussi déplorables qu'extraordinaires, où tout s'enlaçoit et se se froissoit avec une confusion et un fracas épouvantables. Je vais néanmoins suivre pas à pas, et avec la plus grande exactitude, au milieu de ce trouble, M. de Penthièvre, non-seulement pendant cette année, mais encore dans les suivantes.

L'année 1789 commença par un hiver très-rude et par une gelée extraordinaire, qui retint M. de Penthièvre à Vernon, depuis le 16 octobre 1788, jusqu'au 2 janvier 1789, qu'il en partit pour aller à Versailles, où il ne coucha qu'une nuit, pour rendre ses devoirs au roi et à la famille royale. Le lendemain, il fut à Sceaux y passer cinq jours, et en partit pour ses possessions sur les bords de la Loire, où une débacle de glaçons énormes venoit de faire un ravage affreux, ce qui donna au prince une nouvelle occasion d'exercer sa bienfaisance. Les ponts de Jargeau et d'Amboise furent rompus; la partie de celui d'Amboise, qui étoit en bois, fut entraînée tout d'une pièce; trois arches de celui de Tours, si solide et nouvellement construit, se séparèrent par le choc terrible des glaçons. Après avoir parcouru les bords de la Loire, M. de Penthièvre revint à Sceaux, et resta à Paris et aux environs jusqu'au 28 juin. Il étoit à Anet le 4 mai, jour que se fit à Versailles une procession solennelle pour l'ouverture des États-Généraux. Le 26 juin il alla à la Trappe, et le 28 il revint à Anet; ce voyage de la Trappe a été le dernier qu'il fit dans cette sainte maison. Le 30 juin il vint à Versailles où se tenoit l'assemblée des État-Généraux, dont on lui procura

la vue sans qu'on l'aperçut. Le premier
juillet il étoit à Paris, où il resta huit jours,
et alla à Armainvilliers, dans la Brie; le 11,
qui étoit un samedi, il alla à Nogent-sur-
Seine. Ce fut ce jour-là que M. Necker
reçut l'ordre de se retirer. Le dimanche 12
M. de Penthièvre vint à Nogent, jour auquel, dit-on, M. le prince de Lambesc entra
aux Tuileries le sabre à la main. M. de Penthièvre resta à Nogent le lundi 13 juillet,
et en partit le lendemain 14, jour devenu
si fameux, et qui fait époque dans la révolution. Le même jour il se rendit à
Châteauvillain où il arriva le soir, ainsi
que madame la princesse de Conti, ignorant l'un et l'autre les grands événemens
arrivés à Paris dans cette journée si orageuse.

Événement du 14 juillet.

Le mercredi 15, dans la matinée, l'un
et l'autre furent bien surpris de l'arrivée
imprévue d'une personne qu'ils étoient fort
éloignés d'attendre dans ce moment-là:

On vint dire à M. de Penthièvre : *voilà M. le prince de Conti*. Frappé de cette annonce il s'écrie : *O mon Dieu ! M. le prince de Conti !* il court à sa rencontre, et se précipite dans ses bras ; dans le même instant, madame la princesse de Conti descend en désordre de son appartement, se jette au cou des deux princes qui, étroitement serrés, ne peuvent prononcer aucune parole : elle les arrose de ses larmes, et tous trois offrent le spectacle le plus touchant. On s'attendrit, et tout le monde pleure sans savoir encore pourquoi.

Les premières paroles que M. le prince de Conti put articuler furent, parlant à M. de Penthièvre : « Monsieur vous » voyez un malheureux fugitif qui ne sait » où porter ses pas, qui vous demande » l'hospitalité, et le secours des conseils de » votre amitié, autant qu'il sera possible, » sans vous compromettre ; je suis venu » me mettre en sûreté sous l'égide de vos » vertus et de l'amour que l'on vous porte. » Il n'y a plus que vous, Monsieur de Pen-

» thièvre, qui puissiez être assuré de l'af-
» fection des Français; il n'y a plus que
» votre belle âme qui puisse se promettre
» quelque calme; la France est dans la plus
» cruelle agitation. »

La présence de M. le prince de Conti à Châteauvillain, chez M. de Penthièvre, dans une semblable occurence, et la fermentation extrême de tous les esprits, plongeoient tout le monde dans les plus vives inquiétudes; on craignoit quelques événemens fâcheux. M. de Penthièvre se seroit plutôt fait ensevelir sous les décombres de sa maison, que de trahir les devoirs sacrés de l'hospitalité. On l'assuroit, et il pouvoit le croire, que les habitans de la ville où il se trouvoit étoient résolus à exposer leurs vies pour garder comme ils le devoient le précieux dépôt que les circonstances avoient remis dans leurs mains.

Dans une conjoncture aussi alarmante, M. le prince de Conti ne vouloit pas non plus par sa présence exposer une tête aussi chère que celle de M. de Penthièvre; il

ne

ne resta chez lui que le temps nécessaire pour se mettre en état de passer en pays de sûreté, et il partit de Châteauvillain le 20 juillet à trois heures du matin, non sans les plus vifs regrets de quitter une maison que le ciel protégeoit d'une manière si sensible et si spéciale en même temps.

Madame d'Orléans fit un petit voyage à Châteauvillain chez son père ; elle y arriva le 10 août, et en repartit le 18 du même mois ; les adieux qu'elle fit ce jour-là à sa tante, madame la princesse de Conti, furent des adieux éternels, et ces princesses ne se sont pas revues depuis. Madame de Conti partit le lendemain 19 août, avec une suite de dix-sept personnes, pour se rendre à Chambéry, en passant par Lyon.

Retour à Paris.

La Providence, qui sait placer avec tant de bonté et de sagesse les consolations à côté des peines, pour ceux qu'elle conduit

19

et tient dans sa main, n'offrit à M. de Penthièvre que des choses douces, consolantes et flatteuses, dans le premier voyage qu'il fit à Paris. L'on sut le 21 août sur toute la route qu'il devoit parcourir, qu'il alloit passer : l'on avoit craint que ce prince, qui faisoit l'ornement et la gloire de la France par ses vertus, ne la quittât comme les autres princes du sang ; mais on fut bientôt rassuré en voyant M. de Penthièvre s'avancer et faire route dans l'intérieur, et donner par là un gage certain de son attachement pour son pays. On s'empressa de lui marquer partout les sentimens les plus affectueux et les plus touchans.

Jusque dans les plus petits villages, M. de Penthièvre trouva les habitans spontanément rassemblés sur son passage. Son arrivée et son départ de Clairvaut furent annoncés par le son de toutes les cloches. En entrant à Bar-sur-Aube, il lui sembla que c'étoit un jour de fête : la milice bourgeoise, qui commençoit à se nommer garde nationale, étoit sous les armes ; les officiers de ville en corps l'attendoient sur la place. M. de Penthièvre, sensible jusqu'aux larmes à tant de marques d'affection, étoit descendu de voiture, et marchoit à pied entre deux haies d'une foule immense qui le combloit de bénédictions.

Arrivé près des officiers et des personnes notables qui venoient au-devant de lui, on lui adressa des discours dont l'objet principal étoit de le prier de ne pas quitter la France, où il étoit si universellement aimé. Le prince répondoit à tout avec le langage du cœur, son style naturel. Après avoir reçu ce témoignage d'affection, à Bar-sur-Aube, M. de Penthièvre arriva à Vendeuvre, où il reçut les mêmes hommages.

Mais à Troyes, ce fut pour M. de Penthièvre un véritable triomphe, un de ces instans où l'âme de tout être sensible doit goûter une vive jouissance ; c'est un sage, c'est un homme doux, humble et modeste, qui donne depuis un demi siècle l'exemple de toutes les vertus, qui secourt, console et soulage les malheureux ; c'est un de ces hommes rares dont la nature est trop avare ; rien n'éclate autour de sa personne que sa douceur et son amabilité ; mais son nom seul exprime et annonce tout ce qui mérite l'amour et la vénération des hommes.

Il fallut encore s'arracher à tous ces témoignages d'affection de la ville de Troyes, et le même jour M. de Penthièvre arriva à sa petite maison de Nogent-sur-Seine où on l'attendoit avec un égal empressement. Les habitans de cette ville, qui s'honoroient avec raison d'un semblable concitoyen, le lui témoignèrent par tout ce que le sentiment connoît de plus affectueux. Sur la route de Nogent à Sceaux, par Bray sur Seine, Montereau et Fontainebleau, on auroit cru que tous les citoyens s'étoient entendus pour témoigner dans le même jour les mêmes sentimens à M. de Penthièvre. Fontainebleau fit ce jour-là ce que Troyes avoit fait la veille ; cette ville avoit de plus que les autres des souvenirs bien chers ; elle avoit vu souvent ce prince y exercer sa charge de grand-veneur avec tant de dignité.

Arrivée à Sceaux.

Le même jour, **M.** de Penthièvre arriva à Sceaux à sept heures du soir ; la garde nationale l'attendoit au bout de l'avenue, sur la route d'Orléans, et l'accompagna jusqu'au château. Ce fut encore un instant où Sceaux lui parut délicieux.

Le lendemain de son arrivée à Sceaux, le 23 août, M. de Penthièvre alla à Versailles comme à son ordinaire pour la Saint Louis ; mais en y arrivant il en trouva l'aspect bien changé. Cette pauvre Cour, comparée à ce que je l'avois vue à pareil jour, avoit un air d'abandon à faire pitié ; je pensai alors que c'eût été une chose bien intéressante à connoître que ce qui se passa dans les âmes de l'infortuné monarque et de son vertueux parent, au moment qu'ils s'abordèrent, en pensant aux événemens survenus depuis qu'ils ne s'étoient vus ; c'est aux âmes sensibles à se le figurer.

Malgré l'extrême différence que l'on pouvoit déjà remarquer dans le château de Versailles, nous ne pouvions pas encore prévoir que dans six semaines la famille royale en seroit arrachée de la manière la plus barbare, par la plus vile populace, et sous les yeux de cette assemblée qui se disoit les *représentans de la nation*, et qui, revêtue de la plénitude de son pouvoir, n'avoit pas celui d'arrêter un scandale qui a révolté toutes les nations, et qui n'étoit encore que le signal d'attentats plus grands.

Le lendemain matin, M. de Penthièvre vit de sa fenêtre, qui donnoit sur la grille de la cour de Marbre, relever la sentinelle par une garde bourgeoise de la plus mauvaise mine du monde ; il me regarda et me dit : *Vous le voyez !* A la manière dont il prononça ces paroles, mon cœur se brisa et je laissai couler mes larmes.

M. de Penthièvre ayant rendu ses hom-

mages au roi et à la famille royale, quitta
Versailles pour la dernière fois, et revint
le 24 à Sceaux. A son arrivée il trouva tous
les habitans réunis pour un banquet qu'il
vouloit leur donner : une table occupoit
toute la longueur de la superbe orangerie ,
et se trouva garnie de monde et de bonne
chère. Ce n'étoit pas pour se populariser
par des vues de crainte ni d'intérêt que ce
prince se conduisoit ainsi ; il étoit naturellement populaire et sensible aux témoignages d'amitié qu'il recevoit...... On
sait qu'à Sceaux et aux environs il y avoit
beaucoup de maisons bourgeoises et de
gens riches qui avoient toujours des amis
chez eux. Dans les temps ordinaires toutes
ces personnes n'auroient pas voulu venir
chez M. de Penthièvre, crainte de l'impor-
tuner ; ils se contentoient de le voir ou à
l'église ou dans ses jardins : mais dans ces
temps de fermentation et de trouble, tout
le monde s'empressa de venir le voir et de
témoigner la satisfaction qu'on avoit de le
conserver.

Arrivée à Paris.

Le 25 août, M. de Penthièvre arrive à Paris, et il éprouve la douce satisfaction d'apercevoir que tous les regards se portent sur sa voiture, que tous les yeux se fixent sur sa personne. Qu'il lui fut doux, dans un pareil moment, de penser qu'il n'avoit rien perdu dans le cœur de ses concitoyens de Paris ; et il se plut à le dire en entrant chez lui. *Ah! qu'il est consolant*, disoit-il, *de n'avoir point d'ennemis!*

Les officiers civils et militaires de sa section vinrent le voir le lendemain matin; un détachement de la garde nationale vint se former en ordre dans la cour de l'hôtel de Toulouse, et désira être vu par le prince, qui descendit tout de suite. Cette petite revue ne pouvoit se faire plus militairement, car M. de Penthièvre se trouva dans ce moment-là accompagné du maréchal de Mouchy : cette revue pouvoit se considérer aussi comme un acte de confraternité;

car M. de Penthièvre étoit déjà commandant en chef de la garde nationale dans
différens endroits.

Pendant les trois jours que M. de Penthièvre resta à Paris, il y fut accablé de
visites : tout le monde désiroit le voir et
l'entendre parler ; mais il parloit encore
moins qu'à son ordinaire. Tout se présentoit à lui sous une face nouvelle ; il s'apercevoit de la dissolution politique, qui faisoit
de rapides progrès, et il avoit sur la figure
un mélange de douceur et de tristesse qui
le rendoit infiniment intéressant. Il ne répondoit à tout que par des remerciemens
et des témoignages de reconnoissance.

Le samedi 29 août il retourna coucher
à Sceaux, et en revint le lendemain à six
heures du soir. En arrivant à Paris, on
l'instruisit que dans ce moment il y avoit
une grande fermentation ; que l'on voyoit
beaucoup de rassemblemens, surtout au
palais Royal, où des groupes d'hommes
entouroient des déclamateurs qui agitoient
la multitude ; c'étoit alors le mot *veto*, qui

passoit de bouche en bouche, et dont personne ne connoissoit encore la véritable signification. On parloit déjà de se porter en masse à Versailles : et pourquoi faire ? et on disoit pour cela que la générale seroit battue dans la nuit.

Dans ce moment, madame de Lamballe étoit à Versailles; madame d'Orléans étoit dans le foyer même des agitateurs : M. de Penthièvre fut la voir; mais il se garda bien de revenir chez lui par le jardin, car la vue en étoit effrayante. Il falloit pourtant qu'il passât la soirée et la nuit à côté : néanmoins ce bon prince, persuadé de la pureté de sa conduite et fort de son innocence, ne manifesta aucune inquiétude dans sa maison; on servit son soupé; il se mit à table avec sa société ordinaire, et mangea; après son soupé il s'occupa de ses lectures et de ses prières comme de coutume. Il se coucha à deux heures en ordonnant que l'on entrât à six dans sa chambre, pour se disposer à partir pour Aumale.

Voyage à Aumale.

Nous entrâmes chez **M.** de Penthièvre à l'heure indiquée, il ne venoit que de s'en-dormir ; mais aussitôt il se réveilla, se leva, fit ses exercices accoutumés , entendit la messe dans son appartement, et partit de suite pour Aumale.

M. de Penthièvre étoit dans l'usage , de temps à autre, de donner un itinéraire par écrit de ses voyages et des lieux où il devoit aller passer un certain temps, pour que toute sa maison s'y conformât, et que l'on fût instruit du lieu où il étoit. Ainsi, quand il partit de Paris, le 31 août 1789 , pour aller à Aumale, cela étoit fixé auparavant sur son itinéraire.

M. de Penthièvre n'avoit point d'habita-tion à Aumale, il logeoit chez le Bailly ; aussi il n'y faisoit que de très-courtes ap-paritions, en passant pour aller à la ville d'Eu , qui en est à dix lieues. L'un et l'autre endroit sont situés sur la même petite rivière de Bresle, qui se jette à la mer au Tréport, dont j'ai déjà parlé.

Le 2 septembre, madame la princesse de Lamballe vint rejoindre son illustre père à Aumale, d'où ils repartirent ensemble le jeudi 3 pour la ville d'Eu, où ils restèrent pendant tout le mois de septembre. L'assemblée nationale rendit beaucoup de décrets durant tout ce mois-là, et particulièrement celui du 15, sur l'inviolabilité du roi, et sur l'hérédité de la couronne de France. Ce décret auroit pu rassurer M. de Penthièvre sur ses craintes, s'il eût pu mettre quelque confiance dans tout ce qui se faisoit alors, et regarder ce décret comme loi fondamentale de l'état ; mais c'eût été se faire une grande illusion ! les suites l'ont prouvé vingt jours après, par les journées horribles des 5 et 6 octobre.

Je crois ne devoir pas omettre ici ce que fit M. de Penthièvre à Eu, où il avoit été nommé commandant en chef de la garde nationale. Un décret ou un arrêté avoit ordonné

ordonné que les gardes nationales pré-
tassent un serment; M. de Penthièvre voulut s'y conformer, comme il faisoit à
toutes les décisions du Corps législatif; et
il fit mettre tout l'appareil et la solennité
que pouvoit demander la cérémonie, qui
eut lieu un dimanche, après les offices de
l'église.

Toute la garde nationale de la ville d'Eu,
dans la plus belle tenue, s'assembla dans
la cour du château, et sous les fenêtres de
la grande galerie, où se trouvoit un grand
nombre de dames qui accompagnoient
madame la princesse de Lamballe. Toute
cette troupe bourgeoise, dont la plupart
des officiers étoient décorés de la croix de
Saint-Louis, formoit un demi-cercle en
face de M. de Penthièvre, qui pouvoit
être vu et entendu de tout le monde.

M. de Penthièvre, l'épée au côté, le
chapeau à la main, élève la voix, et d'un
ton majestueux, noble et touchant, dit
avec assurance : « Français! la religion du
» serment est le lien le plus sacré et le

» plus indissoluble, pour réunir les hom-
» mes en corps de nation ; des circons-
» tances ont amené un renouvellement du
» pacte qui doit nous unir les uns aux
» autres, et ne former qu'une seule et
» grande famille ; attachés à un Monarque
» qui doit en être le seul et unique chef,
» et dont la personne a été déclarée invio-
» lable, ainsi que la monarchie indivisible
» et héréditaire : nous allons jurer en face
» du ciel et sur nos armes d'être fidèles à
» la nation française, à la loi et au roi. »

Jusque-là, M. de Penthièvre avoit eu le chapeau à la main ; il se couvre, tire son épée, en prend la pointe de la main gauche, l'élève en la ployant, et fait le le serment ; une voix unanime crie : *je le jure*. Ce moment fut touchant pour toute la ville, présente à cette cérémonie. On trouva dans toute la personne du prince, dans son air et dans toutes ses manières, quelque chose de grand, de majestueux, qui fit couler des larmes de presque tous les yeux.

Dans le méme temps, M. de Penthièvre envoya toute son argenterie à la Monnoie, dans deux voitures que l'on fit escorter, et depuis il ne se servit plus que de fayence. Indépendamment de ce grand sacrifice, il fit son don patriotique, du quart ordonné par le décret du 18. Ce prince en porta l'exécution jusqu'au scrupule le plus délicat, j'oserois même dire le plus religieux, car il fit venir de Paris un orfèvre et un bijoutier, pour estimer tout ce qu'il avoit en bijoux, et tous les objets où il se trouvoit jusqu'à la moindre partie d'or ou d'argent...... Le souvenir de toutes ces choses, comparé au sort de son enfant, son unique héritière, me déchire l'âme ; mais, à l'exemple de ce saint homme, adorons les décrets de Dieu ! .... La santé de cet homme de bien s'altéroit d'une manière inquiétante ; voici des événemens qui vont y porter des atteintes encore plus terribles.

Événemens des 5 et 6 octobre.

M. de Penthièvre se trouvoit au château d'Eu avec madame la princesse de Lamballe ; il y étoit assez tranquille, lorsque le 7 octobre à neuf heures du soir, arriva un courrier à qui on avoit recommandé la plus prompte diligence : ce courier apportoit au prince et à la princesse la nouvelle que le roi, la reine et toute la famille royale étoient aux Tuileries à Paris, avec quelques détails de ce qui s'étoit passé à Versailles, dans les journées précédentes des 5 et 6. Cette affreuse nouvelle les plongea dans la plus cruelle consternation. Madame de Lamballe dit : *O ! mon papa, quel horrible événement ! Il faut que je parte sur-le-champ.* Ce zèle et ces sentimens étoient trop louables pour que M. de Penthièvre s'y opposât ; il les partageoit, et il dit : Ma fille,
« je voudrois pouvoir partir en même temps
» que vous, mais je ne le peux ; je ne partirai.
» que demain, et je passerai par Aumale
» où je coucherai ; ma santé ni mes forces

» ne me permettent pas de pouvoir aller à
» Paris en un jour. »

Madame de Lamballe, ne prenant plus conseil que de son attachement et de son zèle pour la reine, partit à minuit par un temps affreux et la nuit la plus obscure, pour passer par Abbeville et se rendre à Paris. Comme elle n'avoit, dans ce moment, pour l'accompagner dans sa voiture qu'une seule femme-de-chambre, M. de Penthièvre chargea M. de Chambonas, un de ses gentilshommes, d'accompagner sa belle-fille à Paris, où elle arriva le 8 très-tard.

M. de Penthièvre partit le 8 octobre pour Aumale, et le 10 il se rendit à Paris, où il resta jusqu'au 19. Il ne manqua pas un seul jour de visiter le roi et la famille royale. Le 19 il alla à Châteauneuf sur Loire, où il resta jusqu'au 12 janvier 1790. Pendant ce séjour, mesdames d'Orléans et de Lamballe vinrent le voir.

1790.

M. de Penthièvre, Maire d'un village.

A la première organisation des nouvelles municipalités, une petite commune de la Brie le nomma son maire, et lui écrivit pour lui en faire part. Ce bon prince fut sensible à cette marque d'affection, et accepta avec plaisir et reconnoissance; il fit réponse qu'il acceptoit volontiers, mais que ne pouvant pas résider dans cette commune, il rendroit aux habitans tous les services qui pourroient dépendre de lui. Le roi, qui sut cela, en fit son compliment à M. de Penthièvre.

Voyage à Fontevrault.

Le 4 février, M. de Penthièvre alla à l'abbaye de Fontevrault, pour laquelle il avoit un attachement particulier. Dans tous les temps, on avoit choisi pour abbesse de ce monastère une dame de qualité; la dernière étoit de la maison d'Antin de Pardaillan, proche parente de M. de Penthièvre, voici comment :

Madame la comtesse de Toulouse, mère de M. de Penthièvre, avant que d'épouser M. le comte de Toulouse, avoit été mariée, en premières nôces, le 25 janvier 1707, à Louis de Pardaillan, marquis de Gondrin, mort le 25 janvier 1712. De ce mariage est né Louis de Pardaillan de Gondrin, duc d'Antin, qui naquit le 9 novembre 1707, et est mort le 9 décembre 1743. Il avoit épousé, le 29 octobre 1722, Françoise Gillette de Montmorency Luxembourg, et de ce mariage sont nés quatre enfans ;

Savoir : Louis de Pardaillan, 11e. du nom, duc d'Antin, qui est né le 15 février 1727 ; qui a été colonel du régiment de Picardie, et est mort en Westphalie, maréchal de camp, en 1757 ;

Julie Sophie Gillette, née le premier octobre 1725, abbesse de Fontevrault ; Marie-Françoise, née le 13 août 1728, mariée le 14 mai 1747 à François - Émery de

Durfort, comte de Civrac, colonel du régiment d'Aunis ; Madelaine-Julie-Victoire, née le 20 mars 1731. Je crois que cette dame a été madame la duchesse d'Uzès.

Ainsi, Louis de Pardaillan de Gondrin, duc d'Antin, fils de madame la comtesse de Toulouse, de son premier mariage, étoit frère utérin de M. le duc de Penthièvre ; et par conséquent, ses quatre enfans ci-dessus nommés, étoient neveux et nièces utérins de M. le duc de Penthièvre, dont madame l'abbesse de Fontevrault en étoit une ; c'est pourquoi ce prince a toujours eu un grand attachement pour cette dame, et lui en a donné des témoignages en toutes les occasions ; et ce voyage même avoit pour but de lui porter un brevet de pension de quatre mille livres, pour la dédommager de ce qu'elle avoit déjà perdu, et la faire vivre convenablement à sa naissance.

On peut voir, par tous ces voyages multipliés dans un temps de révolution, que M. de Penthièvre jouissoit d'une

grande liberté et d'une parfaite sécurité,
fondées sur l'estime, l'amour et la vénération que l'on avoit pour lui.

Cérémonie de la Fédération.

Ce prince, arrivé à Châteauneuf, le 20
mai 1790, y resta jusqu'au 7 août. Ce fut
pendant ce séjour que se fit, le 14 juillet,
par toute la France la première cérémonie
de confédération des Français. Pour se
conformer aux ordres de l'Assemblée Nationale, les habitans de Châteauneuf firent
construire l'autel où l'on devoit célébrer
la messe, à une certaine distance du bourg,
au milieu d'une avenue qui étoit en face
du château, mais un peu éloignée. Quoique
cette nouveauté parût à M. de Penthièvre
une chose inouie, il ne crut pas pouvoir
se dispenser d'y paroître. Comme sa santé
s'altéroit considérablement, et que depuis
plusieurs jours le temps n'étoit pas beau,
il fit demander si les habitans trouveroient
mauvais qu'il fît construire une petite

cabane en planches, en manière de petite tribune, pour y être à couvert de la pluie pendant la messe. On répondit que non-seulement on ne le trouveroit pas mauvais, mais que l'on étoit fâché qu'il ne fût pas venu dans la pensée de prévenir à cet égard le vœu du prince : et tout le monde mit la main à la construction de la petite tribune, qui fut faite bien à propos, car le temps étoit affreux, et la tempête fut horrible, surtout au moment que se fit le serment civique.

Le 7 août, M. de Penthièvre alla à Amboise ; madame de Lamballe vint l'y joindre, et le 8 octobre elle vint passer huit jours à Clermont Gallerande dans le Maine ; et pendant ce même temps M. de Penthièvre alla à Fontevrault pour la dernière fois. L'objet de ce voyage étoit d'y conférer avec l'Abbesse sa parente, à l'approche de la destruction inévitable de tous les ordres religieux.... L'on avoit jusqu'à ce moment laissé à ces pauvres dames l'espoir d'être conservées, en leur accordant, après la suppression des abbesses, la faculté de se nommer une supérieure.

Toutes les Dames de Fontevrault désiroient ardemment que madame d'Antin voulût bien accepter la supériorité de leur maison : et en conséquence, le lendemain matin de l'arrivée de M. de Penthièvre, ces Dames se réunirent dans une grande salle où il devoit passer pour aller à la messe ; et là toutes en pleurs, demandèrent au prince de les protéger et d'obtenir pour elles la grâce que madame d'Antin ne les abandonnât pas, et qu'elle ne refusât point d'être leur supérieure, dans un temps où elles se voyoient menacées des plus grands malheurs. M. de Penthièvre fut attendri jusqu'aux larmes de cette marque d'attachement et d'affection de la part de cette nombreuse communauté, envers madame d'Antin ; mais cette dame avoit pris son parti, et rien ne put lui faire changer la résolution qu'elle avoit prise de renoncer à toute espèce de supériorité.

Le 15 octobre , M. de Penthièvre repartit de Fontevrault pour revenir à Amboise. Cette journée, qui fut pénible le matin en quittant Fontevrault, fut un peu adoucie l'après-midi en passant à Tours, où se renouvela pour lui la scène touchante dont nous avions été témoins à Troye l'année précédente. L'on savoit aussi à Tours que madame la princesse de Lamballe y alloit passer, arrivant par la route du Mans, et revenant de Clermont Gallerande ; tout ce monde qui venoit de faire un accueil si affectueux à M. de Penthièvre, n'étoit pas moins disposé en faveur de son aimable belle-fille, et on l'attendit : cette princesse arriva presque aussitôt que M. de Penthièvre fut passé, et fut accueillie avec les mêmes témoignages d'affection que son respectable beau-père.

Madame de Lamballe réunissoit dans sa personne toutes les qualités aimables ; c'étoit les grâces, l'enjouement, la gaîté et la politesse : elle n'avoit pas besoin de parure ; un vêtement simple, négligé et

de

de voyage lui suffisoit ; sa figure toujours riante, ses beaux cheveux, même dans un agréable désordre, la rendoient séduisante, et ce fut ainsi qu'elle arriva à Tours. Avec sa vivacité et son enjoûement naturels, elle dit à tout le monde des choses polies et obligeantes ; aussi elle en reçut les complimens les plus flatteurs et des témoignages de considération.

O mon Dieu ! comment concilier tant de marques d'amour, tant d'actions, si dignes du caractère connu de la première nation du monde, avec ce qui s'est passé si peu de temps après, envers la même personne, qui a porté l'amitié, l'attachement et le dévouement au plus haut degré de perfection !

Madame de Lamballe arriva à Amboise, ravie de son passage à Tours. Tout en descendant de voiture, elle courut embrasser M. de Penthièvre, et après s'être informée de sa santé, elle lui dit : « Oh ! » mon cher papa, que votre passage à

» Tours, un peu avant moi, m'a valu de
» choses flatteuses et agréables! C'est un
» grand bonheur pour moi de vous appar-
» tenir, et de voir l'amour que l'on vous
» porte partout. Que l'on est aimable à
» Tours! et que le langage que l'on y parle
» est doux et flatteur! on ne m'y a parlé
» que de vous, mon papa. » C'étoit ainsi
que cette charmante belle-fille s'efforçoit
d'adoucir les peines et les amertumes de
son beau-père, et de multiplier ses consolations quand l'occasion s'en présentoit.

Le lendemain du retour de M. de Penthièvre à Amboise, madame d'Orléans y
arriva. Réunie avec madame de Lamballe,
ces deux tendres belles-sœurs mettoient
tout en usage pour adoucir les chagrins
de leur père, dont la santé s'altéroit de
jour en jour et très-sensiblement.

Ce seroit une chose trop étonnante que
dans un temps où il y avoit tant d'agitation dans les esprits, M. de Penthièvre
n'eût pas éprouvé quelque petite contra-
riété, au moins dans ses possessions. En

voici une qui, je crois, mérite d'être rapportée, parce que la suite tourna encore à la satisfaction de ce prince.

A deux lieues environ de Chanteloup, se trouve un étang, dont le nom m'a échappé. Je ne sais pas non plus quel agrément il présente pour une promenade ; mais M. de Choiseuil étant propriétaire de Chanteloup avoit fait faire une route pour aller en voiture ; et pour en faciliter l'alignement, il avoit acquis des portions de terrein qui ne lui appartenoient pas. M. de Penthièvre en avoit déjà joui sans y rencontrer de difficultés. Voulant procurer une promenade aux dames ses enfans, il leur proposa d'aller à l'étang ; mais arrivé à un certain endroit la voiture arrête. *Qu'est-ce que c'est*, dit le prince ? On répond, c'est un fossé qui traverse la route ; il descend, voit ce fossé, et dit : *retournons sur nos pas.* Ses gens dirent on peut passer à côté : il y avoit de droite et de gauche de petits taillis nouvellement coupés, où il restoit quelques petits arbres. Le prince regarda sur sa carte; mais ne pouvant s'assurer si ces petits arbres lui appartenoient, il dit: *je ne veux pas les endommager.* Le cocher insista ; je vous assure, monseigneur, que je passerai sans toucher aucun de ces arbres. Vous me l'assurez, dit le prince ? eh! bien, voyons: passez. Le cocher tint parole et passa sans toucher à rien ni causer le moindre dommage.

M. de Penthièvre remonta dans sa voiture, très-affecté de ce qui venoit de lui arriver. La promenade n'avoit plus d'agrément pour lui, il craignoit que ce fossé ne fût l'effet de quelque ressentiment ou un motif de vengeance; je ne crois pourtant pas, disoit-il, avoir fait de peine ni de tort à personne : je serois bien fâché que l'on en eût fait en mon nom ; voilà ce que je crains. De retour à Chanteloup, il fait demander tout de suite le régisseur de la terre, lui raconte ce qui s'est passé à la promenade, lui enjoignant de rechercher avec soin ce qui avoit pu lui attirer ce procédé.

Dès le soir et le lendemain matin, toute

la ville d'Amboise fut instruite de l'aventure du fossé, et il n'y eut qu'un cri général d'indignation. Chacun se croyoit insulté dans la personne du bon prince. On connut l'auteur de l'insulte avant que M. de Penthièvre lui-même en fût instruit. Cet homme, qui sans doute n'avoit agi que par de mauvais conseils, sut bientôt qu'il s'étoit attiré un blâme universel; il fit sur-le-champ combler le fossé, mais cela ne suffisoit pas pour la satisfaction publique; on voulut qu'il allât faire des excuses à M. de Penthièvre, qui ignoroit encore toute la sensation que son aventure du fossé occasionnoit.

L'homme en question vint à Chanteloup un après-midi, et demanda à parler à M. de Penthièvre, qui dans ce moment-là se trouvoit seul avec les princesses ses enfans, et étoit occupé à écrire quelques lettres. Sur-le-champ il se leva, contre son ordinaire, à moins que ce ne fût une députation ou des personnes considérables, alla au-devant de cet homme, et lui dit avec le ton le plus aimable et l'accent de la bonté : « Monsieur, je suis ravi de » vous voir, vous me faites le plus grand » plaisir, car j'ai craint de vous avoir » occasionné quelque désagrément sans le » vouloir, ou que l'on ne vous en eût » fait en mon nom, à mon insçu. » Les larmes qu'il vit couler de ses yeux, furent pour lui une réponse éloquente ; il en fut très-touché, et ajouta : « Monsieur, » mes possessions m'ont toujours donné » beaucoup de vosins. J'ai en tout temps » désiré leur amitié ; je vous demande la » vôtre, et j'ose croire la mériter. « A ce langage si généreux, le cœur de cet homme se brisa tout-à-fait, il pleura et ne put proférer une seule parole.

Le 27 octobre 1790, M. de Penthièvre partit d'Amboise pour se rendre à Châteauneuf. Pendant ce dernier séjour, il y fut témoin d'un de ces spectacles que la Loire offre souvent, mais qui fut plus terrible encore que de coutume. Du 12 au 14 novembre, il se fit une crue d'eau si con-

sidérable, que ses effets causèrent beaucoup de dommage. Le 13, pendant l'après-
midi, la crue faisant des progrès rapides,
M. de Penthièvre resta sur les bords de la
rivière pour engager chacun à retirer tout
ce qui couroit le danger d'être entraîné.
Pendant son soupé on vint lui dire que la
crue étoit effrayante. A onze heures il retourna sur le port, il y trouva un monde
infini ; la lune frappant sur une nappe immense d'eau rendoit la nuit très-claire. Le
prince prenoit un grand intérêt à tout : il
auroit voulu que l'on pût éviter tous les
accidens, et questionnoit tous les plus anciens à cet égard et ceux qui avoient vu le
plus de débordemens. Il se trouvoit là
beaucoup de piles de bois de merrain
fort élevées et chargées de pierre ; M. de
Penthièvre auroit voulu qu'on le retirât,
pensant que les propriétaires de cette mar-
chandise n'étoient pas là. Il dit à tout le
monde, mes enfans, je crois qu'il seroit
prudent de mettre ce bois en sûreté. Le
conseil étoit sage ; cependant tout ce monde

trop confiant, et qui n'avoit jamais vu monter l'eau si haut, n'en fit rien. Mais ce qui les étonnoit plus que le débordement, c'étoit de voir cette attentive sollicitude, cet intérêt pressant pour la conservation du bien d'autrui et de gens qu'il ne connoissoit point, ce ton d'amitié et d'attachement, les égards et la douceur qui accompagnoient toutes ses paroles, tout cela étoit aussi nouveau que touchant pour eux ; ils n'avoient pas imaginé jusqu'alors que des Grands fussent susceptibles de tant d'attentions et de tant de bonté. Quoique l'on connût ce prince pour un homme bienfaisant, l'on ignoroit jusqu'à quel point il portoit cette vertu. En rentrant chez lui il dit à ceux qui l'avoient accompagné au port : « Je suis fâché que nous ne nous soyons pas mis tous trois (en montrant ses brues) à retirer le merrain, pour engager les autres par notre exemple. »

M. de Penthièvre passa ensuite dans son cabinet pour y faire ses prières accoutumées. Il entendit tout-à-coup un grand bruit dans les jardins; il regarda, et vit dans le moment un fort mur de terrasse s'écrouler avec fracas, et ouvrir un volume d'eau considérable qui en très - peu de temps couvrit une surface immense de terrein et monta à une hauteur de plus de quatre pieds, ce que l'on n'avoit jamais vu.

Ce jour-là le prince devoit aller à Bellegarde, à six lieues de là, coucher chez le président Gilbert-de-Voisin; il envoya tout de suite un courrier pour l'instruire qu'il ne l'attendît pas parce qu'il se trouvoit submergé d'une manière extraordinaire.

M. Gilbert-de-Voisin étoit d'une société qui convenoit beaucoup à M. de Penthièvre; c'étoit un homme infiniment estimable par sa piété et sa bienfaisance, et qui avoit été un excellent magistrat : il avoit pour M. de Penthièvre le plus respectueux attachement; depuis long-temps il désiroit l'avantage de recevoir ce prince chez lui, et de procurer à sa famille la visite honorable d'un prince de ce mérite.

Nous voilà arrivés au moment de quitter les bords de la Loire pour n'y plus revenir. Le prince quitta Châteauneuf, et arriva chez M. de la Borde, à Méréville, où il resta jusqu'au 27.

M. de Penthièvre arrive le 27 novembre à Sceaux : il vient de quitter les bords de la Loire, la route d'Orléans ne le reverra plus, et demain il fera encore d'éternels adieux à la délicieuse habitation de Sceaux, qui bientôt ne sera plus qu'un monceau de ruines, et un objet de douleur. Le 28 novembre il rentre encore à Paris, et il y reste jusqu'au 4 décembre seulement; il y visite le roi chaque jour...... Ici se présente tout naturellement à mon esprit une question que je ne puis décider. Pourquoi nos derniers rois qui reçurent de si grands services des princes de leur sang, quand ils les envoyèrent à la tête de leurs armées, les ont-ils toujours tenu si écartés de leurs conseils et de la connoissance des importantes affaires de l'Etat? Pourquoi Louis XVI qui connoissoit si bien, et par sa propre

expérience, la capacité, la sagesse et le dévouement de ce prince à sa personne, n'en-
gagea-t-il pas le duc de Penthièvre à rester
à portée de lui ? Sa santé, à la vérité, étoit
foible ; mais ses facultés intellectuelles
étoient encore d'une grande ressource dans
des circonstances aussi critiques que celles
où se trouvoit l'infortuné monarque.

Le 3 décembre 1790 est un jour remarquable dans la vie de M. de Pentihèvre,
parce que ce fut ce jour-là qu'il vit le roi
pour la dernière fois, et qu'il quitta son
souverain, le chef de sa famille et de l'an-
tique Maison des Bourbons ; mais il ignore
que tant d'obstacles, tant de funestes événemens, tant de journées désastreuses,
le sépareront bientôt et sans retour des
plus chères affections de son cœur.

Il se présente ici une remarque bien essentielle, selon moi ; dans un temps où
l'horizon politique de la France se charge,
se rembrunit plus que jamais, que va devenir et que doit faire M. de Penthièvre,

membre de la famille persécutée, et dont la plus grande partie est déjà loin de la France? Il se trouve dans la ville d'Eu pour la seconde fois depuis la révolution ; il est sur le bord de la mer, ayant un port à sa porte, pouvant à toute heure en faire usage et s'y embarquer de nuit comme de jour ; dans une maison où il lui est facile de réunir toutes ses richesses, ses meubles, ses diamans, ses bijoux, tout ce qu'il a de précieux et de disponible, en un mot se former un trésor portatif. Dans l'état où se trouve la France, pourra-t-il se résoudre à la quitter? Non : établi dans la ville d'Eu, il se dispose à y passer l'hiver le plus commodément possible pour sa santé, qui s'altère et s'affoiblit de plus en plus chaque jour.

Il est pénible d'être toujours obligé de relever des erreurs consignées dans un ouvrage auquel l'on a attaché le nom de M. de Penthièvre, et que l'on a intitulé *sa vie* : mais rien ne doit m'en dispenser. Je serois bien curieux de savoir où cette auteur a trouvé que M. de Penthièvre avoit été obligé de soutenir un procès contre le domaine pour le comté d'Eu, ce qui, dit cette auteur, avoit empêché le prince d'aller à Eu (pag. 156, vol. II) : « Il passa d'a-» bord, dit l'auteur, assez long-temps à » Vernon, puis il voulut aller à Eu ; mais » son procès n'étant pas encore terminé, » il passa trois mois au château de Rad-» pont, entre Tote et Rouen. »

Voilà le plus étrange renversement d'objets, de temps, de lieux et de dates. Nous avons montré de la manière la plus incontestable que M. de Penthièvre et madame la princesse de Lamballe avoient passé ensemble à la ville d'Eu tout le mois de septembre 1789, et en étoient partis après les journées désastreuses des 5 et 6 octobre. Les autres séjours des années précédentes sont marqués aussi dans ces Mémoires ; et s'il y a eu un procès, je ne sais ni quand ni à quelle occasion.

Mais reprenons la marche et l'histoire de M. de Penthièvre.

1791.

Madame la duchesse d'Orléans vint joindre son père à la ville d'Eu, le 10 de février 1791, et depuis ce jour-là elle ne le quitta plus un instant jusqu'à sa mort, c'est-à-dire qu'elle a resté deux ans et 22 jours auprès de ce tendre père, qu'elle chérissoit, et avec qui elle a partagé tant de peines et d'amertumes! temps qu'il est bien essentiel de remarquer, tant à cause du père et de la fille, que des événemens qui sont si extraordinaires et si surprenans qu'il faut les suivre jour par jour. Je vais les rapporter de la manière la plus claire et la plus exacte pour ce qui a rapport à trois personnes aussi distinguées et aussi intéressantes que M. de Penthièvre, madame d'Orléans et madame la princesse de Lamballe. Si le ciel se réjouit de la mort des justes, le monde doit être curieux de connoître leur vie, et les routes par où la Providence les a fait passer. Les peines, les souffrances, les anxiétés, les angoisses, les douleurs et les amertumes qu'elle leur prépara ; celles que souffrirent ces illustres victimes méritent une place distinguée à l'époque des malheurs inouis de la France.

Presque toujours les grands événemens en politique sont précédés ou accompagnés de quelques signes particuliers de désordre dans le monde physique.

Je viens de parler, il n'y a qu'un moment, d'un débordement de la Loire qui s'est fait sentir extraordinairement sur la propriété de M. de Penthièvre à Châteauneuf-sur-Loire, du 12 au 14 novembre 1790. Eh bien, le 22 mars 1791, à la ville d'Eu on éprouva une tempête si furieuse, que la marée monta à une hauteur extraordinaire, et que la fureur du vent enleva le toit d'une partie du château.

Depuis 1783, M. de Penthièvre, dans les différens séjours qu'il fit à la ville d'Eu, alloit exactement tous les jours entendre la messe à l'église de Notre-Dame d'Eu, qui étoit très-près du château, jusqu'à l'épo-

que de la constitution civile du clergé.
Dès-lors il ne jugea plus à propos de s'y
trouver, et resta chez lui avec les prêtres
attachés à sa personne. Il s'imposa le plus
profond silence sur tous ces objets; soumis à toutes les décisions du Corps Législatif, pour le civil, il ne crut pas devoir la
même soumission pour ce qui regardoit le
spirituel. Des innovations dans la dicipline
et la juridiction ecclésiastique ne lui parurent pas des choses indifférentes : sur
ces articles, il en savoit au moins autant
que ceux qui se permettoient d'y porter
atteinte ; et s'il ne disoit rien sur toutes ces
choses, il n'en étoit pas moins vivement
touché.

Ce prince, d'une piété solide, franche
et sincère, attaché dès son berceau à la
pureté de la religion et à l'exercice du
culte catholique, ne pouvoit voir, sans
la plus vive douleur, un schisme nouveau
s'établir dans l'église : c'étoit une chose
extrémement pénible pour son cœur, aux
approches surtout des grandes solennités :

cette année la Pentecôte étoit le 12 juin, la Trinité le 19 et la Fête-Dieu le 23 juin ; sachant qu'il y avoit encore à Aumale un monastère où le culte étoit resté pur et sans nuages, il s'y rendit le 9 de juin, accompagné de madame d'Orléans ; mais pendant leur court séjour dans ce lieu, il arriva à Paris un événement qui renversa tous leurs arrangemens , changea tout-à-fait la situation des affaires, et donna au prince et à sa fille de plus grands sujets encore de peines et douleurs.

Dans un moment que M. de Penthièvre se trouvoit seul avec sa fille, le mardi 21 juin, à six heures du soir, arrive une voiture en poste qui approche de la porte de la maison où étoit logé le prince. Je me trouvai à portée d'apercevoir dans cette voiture madame la princesse de Lamballe que l'on n'attendoit pas. J'entrai promptement en avertir M. de Penthièvre qui éprouva un violent mouvement de surprise, et s'élança sur-le-champ pour se précipiter au-devant de sa belle-fille, qui contre son ordinaire garda un grand silence et ne proféra pas une seule parole. Madame d'Orléans suit le mouvement de son père, et tous trois s'unissent, se croisent, s'embrassent, et se serrent étroitement sans pouvoir prononcer aucune parole ; bientôt ils se trouvent dans la pièce où ils doivent se tenir, et la porte se ferme.

Les personnnes qui accompagnoient madame de Lamballe descendirent de la voiture, exténuées de fatigue et de besoin, n'ayant rien pris de la journée. Ces personnes consistoient en deux dames, leurs maris et un enfant.

M. de Penthièvre, peu après avoir fermé sa porte, la rouvrit et demanda deux personnes, son contrôleur et son écuyer, à qui il donna des ordres pour être promptement exécutés, et se mit à écrire : dans le moment que la porte s'ouvrit, j'aperçus madame d'Orléans qui pleuroit amèrement. Madame de Lamballe peu après ouvrit la porte, tenant sa montre à la main, dit à ces dames et à leurs maris, qui mangeoient :

je vous en prie, doublez les morceaux, s'il est possible; il faut que dans un quart-d'heure nous soyons en voiture.

Cependant le temps qu'elle a projeté de rester à Aumale est expiré, les chevaux sont mis à la voiture : elle embrasse son beau-père et sa belle-sœur, n'a l'air de faire des adieux que pour jusqu'au lendemain, comme si elle alloit seulement à la ville d'Eu; et j'avoue que je crus de bonne foi qu'elle n'alloit pas plus loin; mais on me fit observer que sortant d'Aumale, au lieu du chemin de la ville d'Eu, elle prit celui d'Abbeville.

Aussitôt que madame de Lamballe fut repartie, M. de Penthièvre nous dit, *arrangez-vous, nous partirons d'ici demain matin, à neuf heures, pour nous en retourner à Eu :* ce qui se fit exactement. Il ordonna que notre voiture partît en même temps que la sienne, mais comme il alla plus vite que nous, il arriva une heure avant au relais, à moitié chemin dans la forêt. Le prince y fit allumer un peu de feu, sous un gros arbre, car il faisoit froid, quoique l'on fût alors au 22 juin. Quand nous arrivâmes auprès de lui, se disposant à remonter en voiture, il nous dit avec son calme ordinaire, *il ne fait pas chaud; j'ai fait allumer un peu de feu, mais je vais le quitter; tâchez, messieurs, d'arriver à Eu de bonne heure.*

Nous nous attendions en arrivant à Eu d'y apprendre quelque chose de nouveau; mais on y parut seulement surpris de voir revenir le prince avant le terme fixé. Les personnes qui étoient dans l'usage de fréquenter M. de Penthièvre, se rendirent au château pour le voir, à son arrivée; mais peu après il leur demanda la permission d'écrire, et chacun se retira. Nous le trouvâmes en arrivant, seul dans le salon qui écrivoit. Madame d'Orléans étoit retirée dans sa chambre : chacun étoit chez soi, et toute la maison présentoit un air de solitude, de silence et de mystère.

Enfin dix heures du soir arrivent : on sert le soupé; M. de Penthièvre, madame d'Orléans et leur compagnie se mettent à table; mais dans le même instant, on entend un bruit considérable dans la cour du château; un jeune homme de la ville accourt, monte précipitamment l'escalier, entre dans la salle à manger, et annonce qu'un courrier du district de Dieppe vient d'apporter à la municipalité la nouvelle que le roi a quitté Paris, que l'on va battre la générale, et que toute la ville est déjà en mouvement. Cette annonce ne devoit pas fort étonner M. de Penthièvre ni madame d'Orléans, qui savoient cette nouvelle du jour précédent; mais quelles vont en être les conséquences? le voici.

Le maire de la ville d'Eu et le procureur de la commune, en écharpes, arrivent au château, entrent dans la salle à manger. Aussitôt que M. de Penthièvre les aperçoit, il se lève, tout le monde en fait autant. Le maire s'arrête, garde le silence, et laisse voir la peine que lui donne sa mission. M. de Penthièvre lui dit avec l'accent de la douleur, mais de la résignation et

d'une noble assurance : Approchez, monsieur le maire ; approchez, je vous en prie :
je suis résigné à tout ce qu'il plaît à Dieu
d'ordonner. Parlez ; qu'avez-vous à m'annoncer ? « Monseigneur, la plus affligeante
» nouvelle ; le roi a quitté Paris , et cette
» capitale est dans la consternation. Le
» district de Dieppe , par ordre du dépar-
» tement de la Seine-Inférieure , nous or-
» donne de rendre à vos altesses tous les
» honneurs et les égards qui leur sont dus ,
» et de nous charger de la conservation
» de leurs personnes » — « Eh bien ! mon-
» sieur le maire, nous devons ma fille et
» moi nous en féliciter ; nous ne pouvons
» pas être en de meilleures mains : il est
» juste , en pareilles circonstances , de
» maintenir le plus grand ordre.... Main-
» tenant, messieurs, que vous avez rempli
» votre commission, vous allez, s'il vous
» plaît, vous mettre à table avec nous.—Non,
» monseigneur. — Je vous en prie , mes-
» sieurs , faites-moi cette amitié. — Mon-
» seigneur, notre devoir nous a été trop

» pénible à remplir envers vos Altesses.
» Nous allons retourner à la maison com-
» mune, pour y mettre ordre à tout. »

Ce maire étoit un chevalier de Saint-
Louis, ancien officier d'infanterie, nommé
M. de Montseau ; et le procureur de la
commune, un jeune homme bien né et
bon bourgeois, nommé M. Leseigneur.

Ces magistrats retirés, le commandant
en second de la garde nationale se présente
dans la salle à manger. M. de Penthièvre
le saluant avec amitié, lui dit : *Mon cher commandant, vous venez me garder.* Celui-ci
répond spirituellement au prince : « Mon-
» seigneur, dans la circonstance actuelle, je
» viens me ranger auprès de mon comman-
» dant en chef. » M. de Penthièvre , avec
un sourire gracieux, réplique : Ah ! vous
êtes bien honnête , mais je n'en suis pas
moins votre prisonnier ; et il lui fit aussi
beaucoup d'instances pour qu'il se mît à
table : ce que ce commandant ne voulut
jamais, demandant la permission seulement
de faire sa cour pendant le soupé. M. de

Penthièvre lui dit : Je me flatte que vous me connoissez assez pour ne pas craindre que je vous échappe. « Monseigneur, les » bontés et l'amitié que vo re Altesse a » toujours témoignées à la ville d'Eu nous » sont le plus sûr garant que, dans cette » fàcheuse occurrence, vous ne l'aban-» donnerez pas. » Le soupé fini, on se leva de table : le commandant fit sa révérence, et s'en alla.

En entrant dans la chambre de M. de Penthièvre le lendemain matin, il nous dit : j'ai entendu des tambours toute la nuit; qu'est-ce que c'est? Nous lui dimes : c'est un détachement de la garde nationale de Dieppe et un détachement de cavalerie, qui sont arrivés cette nuit. — Le commandant de la garde naitonale d'Eu est sûrement déjà ici ; dites-lui que je le prie de me venir voir. On l'avertit, et il entra chez le prince, qui étoit dans son lit. Dites-moi, mon cher commandant, lui dit-il, notre ville a été bien bruyante cette nuit ; ce qui fit le sujet de leur entretien. M. de Penthièvre lui dit:

Je

Je vous prie de m'amener les officiers de la garde nationale de Dieppe et celui de cavalerie, quand ils seront reposés ; car ils ont eu une nuit bien fatigante : je vais me lever. Le commandant se retira.

Son premier soin, après ses prières, fut de s'occuper de sa belle-fille. Il avoit écrit la veille. Il fit venir son courrier, et lui dit : *Votre passe-port est-il en règle ?* oui, Monseigneur. — Eh bien ! tenez, voilà des lettres : partez tout de suite pour Boulogne, pour me rapporter des nouvelles de ma belle-fille.

M. de Penthièvre se trouva habillé et prêt à recevoir du monde à onze heures. Le concours fut prodigieux. Non-seulement toutes les personnes de la ville qui étoient dans l'usage de le venir voir, mais une infinité d'autres s'empressèrent de lui témoigner leurs sentimens dans cette circonstance. Les officiers de la garde nationale d'Eu amenèrent ceux de Dieppe, ainsi que les officiers de cavalerie. Quoique dans ce moment le prince ne fût déjà plus

libre , jamais il ne me parut plus grand ,
et les hommages qu'on lui rendoit plus
sincères et plus respectueux,

De chez M. de Penthièvre on passa ensuite chez madame d'Orléans , qui dans ce
moment étoit non-seulement belle de ses
charmes naturels, mais infiniment relevée
par cette touchante tristesse , ce mélange
inexplicable de tout ce qui intéresse et ravit
les cœurs. Il m'a toujours paru que le ciel a
mis dans tous les traits de la figure et de
la physionomie, et a répandu sur le visage
de cette précieuse femme tout ce qui doit
rendre les peines et le malheur touchans
et respectables. Si M. de Penthièvre ne se
fût pas trouvé dans une aussi grande résignation, il se seroit vu bien humilié. Ce
jour-là, 23 juin, l'on visita , je ne sais par
quel ordre , tous ses équipages, qui revenoient d'Aumale ; l'on fit aussi une recherche dans tout le château. Que cherchoit-
on ? l'on n'en savoit rien ; et l'on n'y trouva
que ce qui naturellement devoit y être , et
rien de plus...... Ce prince si doux , si

sage et si juste, dit à ce sujet : « On ne
» me rend pas toute la justice qui m'est
» due. Je suis incapable non-seulement de
» rien faire qui puisse tendre à troubler,
» dans la moindre chose, l'ordre et la
» tranquillité publique ; je me soumets avec
» résignation à tout ce qu'il plaît à Dieu, et
» rien de plus. Je ne trouve pas mauvaises
» les précautions que l'on prend ; elles sont
» plus commandées par les circonstances
» que par des soupçons contre moi, et
» l'on ne m'impute rien personnellement ;
» autrement, cela me seroit bien pénible et
» bien injurieux. »

Le courrier envoyé à Boulogne par M.
de Penthièvre revint, et l'instruisit que
madame la princesse de Lamballe, presque
dans le même moment de son arrivée à ce
port de mer, le 22, s'y étoit embarquée
tout de suite ; et il est bon d'en expliquer
la manière, car l'histoire de cette princesse
sera toujours intéressante dans ses moin-
dres particularités. J'ai dit que, dans le peu
de temps qu'elle s'arrêta à Aumale, M. de

Penthièvre écrivit : c'étoit une lettre pour le lieutenant de l'Amirauté de Boulogne, à l'effet de lui demander de procurer à sa belle-fille le passage le plus convenable pour aller en Angleterre.

Madame de Lamballe, tout en arrivant à Boulogne, envoya prier ce chef d'amirauté de venir lui parler tout de suite, parce qu'elle avoit une lettre à lui remettre de son beau-père. Cet officier vint sur-le-champ. Madame la princesse de Lamballe, avec son amabilité ordinaire, lui dit : Monsieur, voilà une lettre de mon papa ; lisez-la, s'il vous plaît. Toute l'écriture est reconnue pour être de la main de M. de Penthièvre ; et, lecture faite, ce monsieur dit à la princesse : Madame, cela se rencontre on ne peut mieux ; il y a dans le port un navire anglais qui va partir. Comment se nomme le capitaine ? allons lui parler. — Madame, je vais le faire venir. Le capitaine se présente ; la princesse lui parle, et tout de suite il n'est question que de passer à bord du navire, où l'on fait apporter à manger de l'auberge aux passagers pour faire accélérer le départ. Madame de Lamballe presse la manœuvre, parle, mange et écrit tout à-la-fois ; prie la maîtresse de l'auberge de se charger de ses lettres, en lui expliquant l'usage qu'elle devra en faire ; et le navire part.

Madame la princesse de Lamballe étoit très-peu éloignée en mer lorsqu'elle entend un coup de canon tiré de Boulogne , et elle dit : Nous n'avons eu tout juste que le temps nécessaire pour nous embarquer; voilà sûrement la nouvelle arrivée à Boulogne. Tout le monde dit dans cette ville : Madame la princesse de Lamballe a parfaitement bien réussi, car un peu plus tard nous aurions été obligés de l'arrêter; et avant la nouvelle , nous n'avions aucun motif qui autorisât une pareille démarche. Mais au lieu de poursuivre sa route en Angleterre , madame de Lamballe vint débarquer à Ostende , d'où elle se rendit à Aix-la-Chapelle. Ce fut de là qu'elle rentra en France, sur les pressantes sollicitations de la reine.

Pendant que M. de Penthièvre se trouve consigné et en arrestation dans son château d'Eu avec sa fille, madame d'Orléans, je vais rapporter la manière dont madame de Lamballe quitta Paris le 20 juin, pour venir le 21 à Aumale, époque si remarquable dans notre révolution, et dans l'histoire particulière de cette princesse; époque que l'auteur *de ses prétendus Mémoires* a absolument ignorée, et qu'elle a remplacée par des contes de son invention, comme elle a fait pour les journées des 5 et 6 octobre 1789.

Il est très-aisé de croire que la Surintendante de la maison de la reine, que son amie si fidèle, si bien connue par son zèle et son attachement, a dû être dans le secret du roi et de la reine, sur le projet du 21 juin 1791. Mais je reprends ma narration sur ce qui regarde M. de Penthièvre et madame d'Orléans, qui se trouvent en état d'arrestation au château d'Eu: Il est bon de remarquer que c'étoit dans un lieu et à côté de cette même écluse du Tréport, que ce prince bienfaisant avoit fait construire avec tant de soins et de dépenses, et qui méritoit tant de reconnoissance. Si l'on a montré de l'ingratitude envers ce bon prince, je dois l'oublier, comme il l'avoit oublié lui-même : mais aussi je suis pénétré en même temps de reconnoissance pour tous ceux qui lui ont donné des preuves d'attachement, et je voudrois la leur assurer par les plus expressifs témoignages. Je n'omettrai pas du moins ceux qui sont dus à un vénérable vieillard, dont la société douce et consolante a été infiniment agréable à M. de Penthièvre et à madame d'Orléans, non-seulement dans ce temps d'arrestation, mais par la suite, comme nous aurons occasion de le dire.

C'est de M. Hüe de Miroménil, ancien garde des sceaux, que je veux parler. Il étoit voisin de six lieues de la ville d'Eu, et depuis quelques années il avoit fait des visites de voisinage au prince ; mais de cet instant il s'attacha plus étroitement à ses illustres voisins..... Il ne m'appartient pas de faire le panégyrique ni même le portrait d'un homme distingué par de si grandes places dans l'état ; mais je vais rapporter ici une lettre faite pour honorer ce respectable ministre, lorsque le roi Louis XVI lui écrivit pour l'engager à donner sa démission de garde des sceaux.

« Sire, ce n'étoit point l'intérêt de ma
» fortune, mais celui de mon amour et
» de mon attachement respectueux pour
» votre Majesté ; qui m'enchaînoit à sa
» personne. J'ai tout perdu, quand elle me
» retire ses bontés. L'état de ses finances
» ne me permet pas de rien demander ;
» j'ai toujours su vivre de peu. J'étois
» pauvre quand je suis entré dans le mi-
» nistère, et j'ai le bonheur d'en sortir de
» même. Je me bornerai à faire des vœux
» pour la gloire et la prospérité du règne
» de Votre Majesté : je vous prie seule-
» ment de permettre que je mette à ses
» pieds l'intérêt de mes enfans. »

M. de Miroménil ne voulut pas accepter les quarante mille livres de rente qu'on étoit dans l'usage d'accorder aux ministres disgraciés. Il faut joindre à cette preuve de désintéressement un trait de grandeur et de courage, qui prouvera la sincérité de la lettre ci-dessus, et l'amour qu'il avoit véritablement pour son Roi. Lorsque l'infortuné Monarque fut enfermé avec sa famille à la tour du Temple, et qu'il fut mis en jugement, M. de Miroménil lui écrivit pour lui offrir d'être son défenseur ; particularité qui étoit à ma connoissance, et qui se trouve confirmée dans le Journal de M. Cléry.

Lorsqu'ensuite la France se trouva couverte de bastilles et de prisons, et qu'un si grand nombre de ses concitoyens se trouvèrent détenus, M. de Miroménil fut enlevé de chez lui et conduit à Paris dans la maison de Port-Royal, rue de la Bourbe, où il se trouva avec plusieurs anciens magistrats et conseillers d'Etat, qui, la plupart tristes et affligés, trouvèrent de grandes consolations dans l'excellent caractère et l'heureux naturel de M. de Miroménil. Il avoit une vieillesse aimable et enjouée ; il sembloit enfin avoir fourni à Labruyère le portrait suivant :

« Un vieillard qui a vécu à la Cour, qui
» a un grand sens et une mémoire fidèle,
» est un trésor inestimable. Il est plein de
» faits et de maximes ; l'on y trouve l'his-
» toire du siècle, revêtue de circonstances
» très-curieuses, et qui ne se lisent nulle
» part ; l'on y apprend des règles pour la
» conduite et pour les mœurs, qui sont
» toujours sûres, parce qu'elles sont fon-
» dées sur l'expérience. »

Mais je reviens à mes illustres captifs.

L'on sentit bientôt l'inutilité et l'injustice d'user de rigueur envers des personnes à qui il n'étoit dû que des égards et de l'amour.

Le département de la Seine-Inférieure en fit ses représentations au corps législatif ; et on assura que, dans les comités, il n'y avoit eu qu'un avis, celui de rendre la liberté à des personnes qui en faisoient un si louable usage.

Le département fit instruire M. de Penthièvre qu'il étoit bien le maître de quitter la ville d'Eu quand il le jugeroit à propos, et d'aller où il voudroit dans ses terres et de rentrer dans l'intérieur. Je ne pus savoir dans le temps, et je l'ignore encore, quel put être le motif qui empêcha alors ce prince d'aller dans une de ses habitations, et lui fit préférer une maison d'ami. Il choisit Radpont; et en conséquence, il fit ses dispositions pour quitter la ville d'Eu, où les circonstances venoient de lui faire éprouver de si grands désagrémens.

Le 12 de juillet 1791, M. de Penthièvre et madame d'Orléans partirent de la ville d'Eu, où ils ne retournèrent plus. M. de Miroménil, dont j'ai déjà parlé, les avoit priés de lui faire l'honneur, le jour qu'ils partiroient d'Eu, d'aller coucher chez lui à Miroménil, près de Dieppe; ce qu'ils firent. En passant ce jour-là à Dieppe, on leur témoigna toute la satisfaction que l'on avoit de les voir libres. Le lendemain 13, nos voyageurs passèrent à Rouen, pour se rendre à Radpont.

En passant par Rouen, leur chemin étoit de suivre la rivière en sortant de la poste, et de prendre le quai. Mais le maître de poste dit à M. de Penthièvre : Monseigneur, toute la ville est sur le boulevard, et désire vous témoigner la joie que l'on aura de vous voir, ainsi que madame la duchesse d'Orléans ; on est venu me prier de procurer ce plaisir à tant d'honnêtes gens qui s'y attendent. Il est digne de vous, Monseigneur, d'avoir cette complaisance. — Que dites-vous, monsieur, complaisance ! je suis trop flatté de cette marque d'amitié, pour m'en priver ; et je vous remercie, monsieur, de me la faire connoître. Dites, s'il vous plaît, à vos postillons qu'ils n'aillent pas vite, pour que je puisse saluer tout le monde, et témoigner ma reconnoissance.

M. de Penthièvre fut d'autant plus sensible à ces marques d'attention pour lui et pour sa fille, que les choses avoient encore bien changé depuis neuf mois qu'ils avoient passé à Tours : ce qui étoit arrivé depuis

depuis vingt-un jours donnoit une teinte plus lugubre à la face des affaires politiques.

Nous voilà donc à Radpont le 13 juillet. Plus de tambours, plus de sentinelles; la liberté, le calme et la solitude règnent dans notre nouvelle habitation; une petite rivière, des côteaux et des bois, un simple petit village, et le seul bruit d'un moulin se fait entendre à ceux qui sortent de la captivité d'une ville au bord de la mer.

Toutes les communes des environs de Radpont s'empressèrent de donner des témoignages de respect et d'affection à M. de Penthièvre et à madame d'Orléans, particulièrement.le 24 août, veille de S. Louis. De très-bonne heure le commandant de la garde nationale de *Lions-la-Forét*, distant de plus de deux lieues, arriva avec un détachement de sa troupe, accompagnant un grand nombre de jeunes filles habillées en blanc, et de jeunes garçons, qui présentèrent des bouquets, des fleurs et des rubans, récitèrent des com-

plimens , et chantèrent des couplets ana-
logues aux circonstances. On fit tendre
des toiles , on dressa des tables et on servit
à dîné à toute cette charmante jeunesse.
Le commandant dîna avec M. de Penthièvre ; et après dîné , toute la jeunesse se mit
à danser et à se réjouir.

Tous ceux qui étoient venus la veille de
Saint Louis , en visite , prirent des ra-
fraîchissemens ; l'on compta environ 410
personnes , qui ne se retirèrent qu'à minuit. Les feux et les illuminations cham-
pêtres , qui ne furent que de bois sec et
de fagots , annonçoient autant et plus de
véritable allégresse que les plus ingénieux
transparens et tout l'art des décorations,
parce que cette simplicité étoit l'expression
de l'amour et du sentiment.

C'est à Radpont que M. de Penthièvre
quitta les Ordres dont il étoit décoré depuis
long - temps ; car sûrement il étoit le
doyen de tous. Malgré l'immense quantité
de croix de S. Louis , il est probable que
celle de M. de Penthièvre étoit la plus

ancienne, parce qu'il l'eut dès sa naissance, suivant les prérogatives de sa charge d'amiral dont il étoit pourvu depuis 57 ans, ayant eu la survivance de son père en 1734. Il portoit la Toison-d'or depuis 51 ans, l'ayant reçue en 1740. Le Cordon-Bleu depuis 49 ans, ayant été admis à 16 ans, le 2 février 1742. Il se trouvoit sur la liste de l'Ordre du Saint-Esprit le premier après le roi, qui en étoit chef. M. de Penthièvre étoit aussi le plus ancien des Lieutenans - Généraux ; il avoit ce grade depuis 47 ans, y ayant été promu le 2 mai 1744. En faisant découdre la plaque du Saint-Esprit de son habit, cet excellent homme dit : *Je quitte toutes ces choses sans regret. Elles m'ont flatté dans ma jeunesse ; je m'y suis accoutumé, et je n'y pensois plus. Si la suppression de tout cela peut rendre la France plus heureuse, que Dieu en soit glorifié.* Ce fut sans doute en vertu du décret du 30 juillet, rendu sur les ordres de chevalerie, que M. de Penthièvre s'en dépouilla sur-le-champ.

Enfin il se détermine à quitter Radpont, et se rend à Vernon, où il ne reste que deux jours : le 17, il se rend à Anet, où le père et la fille restèrent jusqu'au 11 juin 1792. Arrivés dans ce lieu, on s'y arrange pour y passer l'hiver de 1791 à 92. Dès le lendemain de leur arrivée, le 18, M. de Miroménil vint les y joindre, et leur tint compagnie presque tout l'hiver.

Madame la princesse de Lamballe, qui étoit rentrée en France sur l'invitation pressante de la reine, vint à Anet le 14 de novembre, et en repartit le 18 suivant. Ce jour là, M. de Penthièvre, en se couchant, dit à un de ses valets de chambre : *Je loue fort l'attachement de ma belle-fille pour la reine : elle a fait un bien grand sacrifice de revenir auprès d'elle. Je tremble qu'elle n'en soit victime.* Cette crainte n'étoit que trop fondée.

Madame de Lamballe fut bien constante et bien assidue auprès de la reine, pendant tout ce temps ; car, malgré son tendre attachement pour son beau - père, depuis le 18 de novembre qu'elle partit d'Anet, où elle n'avoit passé que quatre jours, elle ne revint l'y voir que le 6 mai suivant, et elle y resta jusqu'au 12 ; et ces six jours, furent les derniers qu'ils passèrent ensemble. Elle ignoroit alors, cette infortunée princesse, l'affreuse mort qu'elle alloit chercher à Paris, en quittant celui qui, depuis vingt-cinq ans, avoit été pour elle le plus tendre des pères. Dans ce moment-là, cette charmante femme n'étoit déjà plus la même ; un grand changement se faisoit en elle. Elle perdoit déjà cette aimable gaieté qui l'avoit toujours rendue si intéressante ; une tristesse sombre et inquiète en prenoit la place, abreuvée des amertumes et des chagrins qu'elle partageoit si sincèrement avec la reine, son amie.

Je finirai ce séjour d'Anet par une petite aventure relative aux circonstances du temps. Le prince avoit un jeune chirurgien, fort bon enfant, spirituel, intelligent et adroit, mais un peu étourdi. —

Je ne sais chez qui ni comment il laissa tomber un verre, qui se cassa. Il se trouvoit sur ce verre des inscriptions patriotiques ; il n'en fallut pas davantage pour qu'une chose, très-indifférente dans tout autre temps, devînt alors un crime de *lèse-nation*, et occasionnât une petite rumeur dans le bourg d'Anet.

M. de Penthièvre, instruit de ce qui se passoit, ne s'en inquiéta pas, se reposant sur l'amitié que l'on avoit pour lui. Le dimanche, 13 mai, des agitateurs comme il s'en trouvoit partout, échauffèrent les têtes des jeunes-gens contre le chirurgien ; ils le prirent et le conduisirent devant le Juge-de-paix. Celui-ci, sagement et sans vouloir approfondir le prétendu grief, ordonna que le chirurgien iroit coucher en prison. Ce qui devint très-plaisant, c'est que les plus acharnés contre le prétendu coupable allèrent gaiement passer la nuit, et se divertir avec lui dans la prison, qui au reste n'avoit rien de désagréable, car c'étoit une chambre de la maison commune, d'où ils sortirent tous le lendemain matin. Néanmoins M. de Penthièvre jugea à propos de faire partir tout de suite son chirurgien pour Paris, se doutant bien de ce qui en arriveroit. Toute la commune d'Anet, fâchée que M. de Penthièvre se privât d'un homme dont il avoit besoin deux fois le jour, le supplia de le faire revenir, ce qu'il accorda; et le chirurgien revint.

Le 19 juin, M. de Penthièvre, madame sa fille et leur compagnie, tous dans une même voiture à dix ou douze places, sortoient par la porte des jardins, le chemin le plus court pour aller de Bisi à la ville de Vernon : dans un tournant, entre deux grilles opposées, le cocher ne pouvant être maître d'un de ses chevaux, ne put empêcher la voiture de verser. Heureusement personne ne fut blessé; on retira M. de Penthièvre et madame d'Orléans par les portières et les glaces de côté, ainsi que les autres personnes, qui toutes furent très-effrayées de l'aventure. Il n'y eut que

M. de Penthièvre qui prit un air riant pour rassurer tout le monde, qui craignoit qu'il ne fût blessé, à cause du vésicatoire qu'il avoit au bras.

Ce fut, après madame d'Orléans, le pauvre cocher qui resta le plus affligé. Aussitôt que la voiture fut remontée au château, il vint demander la permission d'entrer dans la chambre du prince pour le prier de lui pardonner l'accident qui venoit de lui arriver.

M. de Penthièvre lui dit avec sa bonté ordinaire : « Eh, mon Dieu ! mon pauvre » Moreau, ne vous affligez pas, je vous » en prie. J'ai bien vu que ce n'a point » été de votre faute : ce n'est rien que cela, » mon cher ami ; tous les états ont leurs » disgraces. Tenez, mon cher Moreau, » en lui donnant une petite gratification, » je souhaite que cela vous prouve que » je ne suis point fâché contre vous. Allez, » tranquillisez-vous. Vous ne m'avez point » occasionné de mal ; et quand cela fût » arrivé, je vous le pardonnerois de tout

» mon cœur. » Mais le temps approchoit où M. de Penthièvre auroit plus que jamais besoin de toute sa résignation.

1792.

Journée du 10 août.

Nous voilà arrivés à une époque mémorable dans les fastes de notre histoire, à la journée la plus funeste pour la maison alors régnante : journée qui verra briser le sceptre et la couronne dans les mains de l'infortuné Louis XVI ; tomber un trône de quatorze siècles, et arracher la puissance d'une race qui la tenoit depuis huit cents ans.

M. de Penthièvre étoit à Vernon le 10 août, avec sa société ordinaire ; il avoit aussi chez lui M. de Miroménil, dont j'ai déjà parlé. Le soir de cette journée, vers les neuf heures et demie, arriva, presque sans bruit, à la porte du château, un cabriolet, duquel descendirent deux personnes qui demandèrent M. de Miroménil,

et avec qui elles s'entretinrent un instant.
M. de Miroménil vint tout de suite dans la
chambre à coucher du prince, et par son
ordre, il alla bientôt après chercher ces
messieurs qui venoient d'arriver. Ils entrèrent dans le cabinet : madame d'Orléans
vint les y joindre ; et peu de temps après,
les étrangers s'en retournèrent aussi doucement qu'ils étoient venus.—L'on se mit
à table, mais le soupé fut très-silencieux :
M. de Penthièvre ne put rien manger ;
madame d'Orléans se contenoit de toutes
ses forces, pour retenir des larmes qui
couloient malgré elle. Le père et la fille
étoient dans un état affreux, sans pouvoir
se soulager : M. de Miroménil respectoit
le silence de ses hôtes, et le gardoit lui-
même, ainsi que les autres personnes, qui
toutes étoient dans des anxiétés affreuses.

Vers les onze heures et demie quelques
personnes de la maison qui revenoient de la
ville, annoncèrent qu'il avoit passé des gens
répandant le bruit que dans la journée il
y avoit eu à Paris un vacarme épouvantable.

A l'heure du coucher , M. de Penthièvre passa dans sa chambre. Il étoit facile de voir que son âme étoit dans la plus
profonde douleur ; nous ne l'avions pas
encore vu dans un semblable état. Il voulut
faire ses lectures d'usage ; mais des mouvemens convulsifs étouffoient sa voix, qui ex-
piróit au bord de ses lèvres. Ses yeux ,
noyés dans ses larmes, ne permirent plus
qu'il vît ce qu'il vouloit lire , et il fut obligé
de quitter le livre : il se coucha , et la nuit
dut être affreuse. En effet , le lendemain
matin son visage étoit décomposé , ses
jambes chanceloient sous son corps; cette
seule nuit parut l'avoir fait passer tout-à-
coup à la caducité la plus avancée. Mais il
sembloit aussi qu'il n'y avoit que le physique en souffrance , et que son âme acquéroit des forces par des élans vers le ciel,
et par des mouvemens de résignation , s'oc-
cupant sans cesse de Dieu.

Le surlendemain matin il reçut une
lettre de sa chère belle - fille , datée du
sein de l'assemblée nationale , où elle se

trouvoit en captivité avec la reine , le roi et la famille royale.

Hélas ! il n'y a plus sur la terre, pour le vertueux Penthièvre , que des angoisses et des déchiremens ; son état est tel qu'il ne m'est pas possible de le décrire. C'est un corps défaillant et foible qui sert d'enveloppe à quelque chose d'incompréhensible, de surnaturel ; on n'aperçoit en lui aucune passion, aucun mouvement d'impatience ; il ne se répand ni en reproches, ni en plaintes contre personne ; il ne voit que Dieu qui lui semble abandonner les hommes à leur propre fureur , et nous lui entendons souvent répéter : *Mon Dieu , que vos jugemens sont terribles ! Usez, je vous en supplie , de miséricorde envers ma malheureuse patrie ! Sauvez le roi ; ayez pitié de sa famille !*

Jusqu'au moment de cette fatale catastrophe , M. de Penthièvre avoit encore pris intérêt aux affaires publiques ; il avoit donné quelques instans à lire certains journaux. Mais dès l'instant que l'infortunée

famille

famille royale est conduite à la tour du Temple, son cœur la suit dans ce séjour de douleurs et de désolations : toutes ses affections et ses pensées vont se renfermer avec ces illustres victimes, et il ne s'occupe plus que de leurs malheurs. A la vérité, sa fille chérie est auprès de lui ; mais pour lui, tout le reste du monde est enfermé au Temple.

Je n'entreprendrai pas de décrire ce qui se passa à Paris, les 2 et 3 septembre 1792 ! Grâce à Dieu, je n'ai rien vu de toutes ces horreurs, qui d'ailleurs se trouvent consignées partout. Mais ce qui me regarde, c'est de faire connoître comment M. de Penthièvre et sa tendre fille reçurent ces affreuses nouvelles ; comment ils purent les supporter.

Je ne sais pas à quelle heure commencèrent à Paris ces scènes d'horreur, dont heureusement nous étions à 18 lieues. Malgré cette distance, le même jour, vers minuit, un jeune homme de la maison, arrivant de Paris, répandit l'affreuse nou-

velle de la mort horrible de la princesse
de Lamballe. Je l'appris au moment que
M. de Penthièvre alloit se coucher : heureusement que peu de personnes le surent,
et que le prince et sa fille l'ignoroient encore. Au coucher de M. de Penthièvre,
je le regardois, le cœur déchiré ; mais il
falloit se contenir. Ce prince n'avoit encore
aucune notion de ce qui s'étoit passé ; mais
ses craintes étoient continuelles : depuis
plusieurs jours, il s'occupoit vivement des
moyens de retirer sa malheureuse belle-
fille de cet antre infernal, de cette horrible
maison de la Force. Il se coucha à son ordinaire, et donna l'ordre d'entrer chez
lui le lendemain à neuf heures.

Tous les jours on recevoit les lettres à
Vernon, entre six et sept heures du matin.
Les courriers, en passant dans la nuit,
ne manquoient pas d'annoncer les événemens extraordinaires de la veille ; de sorte
que, de grand matin, l'on fut instruit dans
toute la ville de la mort de madame de
Lamballe, et de ses circonstances déplora-

bles. Toutes les personnes de la société et au service de M. de Penthièvre et de madame d'Orléans se trouvèrent levées, prêtes et habillées de bonne heure, et communiquèrent ensemble. On passoit les uns chez les autres pour se concerter, mais tous dans le plus grand accablement; il falloit pourtant convenir de la manière de se conduire dans une si triste circonstance. Madame d'Orléans étoit toujours éveillée de bonne heure, et empressée de recevoir ses lettres; tout le monde se disposa à entrer chez elle au moment qu'elle les demanderoit. On s'attendoit à un instant horrible, et qu'il n'étoit plus possible d'éloigner.

M. de Miroménil, ce vénérable vieillard, devoit, dans un instant aussi fâcheux, être le guide et le conseil de tous, et remplir la principale fonction; il ne falloit pas moins, dans une telle occurrence, que la sagesse et la prudence d'un ancien chef de la magistrature, pour trouver les moyens d'empêcher les funestes effets d'un premier mouvement.

Dans le moment que madame d'Orléans demanda ses lettres, M. de Miroménil les tenoit dans sa main ; et suivi de tout le monde , il entra dans la chambre de la princesse , qui s'étoit déjà aperçue d'un certain embarras sur les figures de ses femmes. Cette espèce de cérémonial lui fut d'un mauvais présage. Un grand silence en disoit plus que le discours le plus étudié, parce que l'on étoit alors dans des circonstances où à chaque moment cette sensible princesse pouvoit apprendre un événement sinistre. Il fallut bien en venir cependant à des questions entrecoupées et laconiques, à des monosyllabes......., des *oui, Madame......non, Madame ;* et par de petits stratagêmes éloignant et rapprochant le funeste sujet, en atténuer , en affoiblir le coup et les dangereux effets. On en vint pourtant à aborder le terrible mot de *mort,* sans dire encore qui , mais d'une manière à le faire connoître. Alors tous les moyens employés avec tant d'art et de précaution , ne purent empêcher un effet déplorable.

Cette belle figure, ce visage céleste, ce corps de la plus noble, svelte et élégante stature, tout parut se décomposer dans l'instant : irritations, crispations et déchiremens accablèrent la malheureuse princesse.

Insensiblement l'on put employer les discours, les pensées et les paroles qui convenoient dans un semblable moment; et de quoi n'étoit pas capable celui qui, peu après, va s'offrir pour être le défenseur du monarque accusé et captif ! Les momens devenoient courts pour ce que l'on avoit à employer à l'égard du père, ce qui demandoit les plus grands ménagemens. L'on fit sentir à madame d'Orléans l'intérêt que le monde entier prenoit à la conservation de son auguste père, à laquelle elle devoit contribuer plus que personne : on lui représenta que cet homme si sensible ne pourroit jamais survivre à la perte de deux enfans à la fois, les deux objets de ses plus tendres affections ! « Vous « le chérissez, Madame, ce père incom-

» parable, lui dit le sage vieillard, au
» point de donner votre vie pour sa con-
» servation ; toute la terre connoît l'héroïs-
» me de vos sentimens à cet égard. Parmi
» tant de vertus que le ciel a mises en vous,
» Madame, votre piété filiale est une des
» plus élevées, et c'est celle qui réclame
» dans ce moment toutes les facultés de
» votre âme, pour empêcher les trop
» funestes effets que nous avons tous à
» redouter. Que vos larmes coulent avec
» abondance, Madame, cela est juste ;
» mais nous avons besoin qu'elles s'ar-
» rêtent un instant pour reprendre leur
» cours après. »

Il faut bien de la vertu, sans doute, pour commander à sa douleur, dans une pareille situation ! Il étoit pourtant absolument nécessaire que ce fût madame d'Orléans qui ordonnât la manière dont on s'y prendroit, pour que M. de Penthièvre comprît de lui-même ce que l'on avoit à lui annoncer.

Les amis et le service entrèrent tous

ensemble doucement dans la chambre de
M. de Penthièvre, et s'y rangèrent avant
que l'on en ouvrît les fenêtres. Madame
d'Orléans se plaça dans un fauteuil près
de la porte et en face du lit de son père,
qui devoit la voir tout en ouvrant les yeux.
Les autres formoient un cercle qui bordoit
tous les côtés de la chambre.

Dans cette disposition, M. de Penthièvre fut un peu de temps sans donner des
marques qu'il fût éveillé. Enfin il ouvre
les yeux, regarde, voit sa fille qui tenoit
son visage caché dans ses mains, et sa
chambre garnie d'un cercle de monde,
dans le plus grand silence. Il le parcourt
des yeux, fixant chacun en particulier,
et lisant sur toutes les figures un sinistre
événement, auquel ce cher prince ne
s'attendoit que trop depuis plusieurs jours.
Deux personnes s'approchèrent du lit, en
silence; il les regarda; et sans prononcer
une seule parole, il détourne son regard,
sort ses bras du lit, joint ses mains, élève
ses yeux comme voulant regarder le ciel,

où il sembloit que son âme s'élançoit, garde un profond silence qui paroissoit le commander à tout le monde. Enfin, ce cher prince rompt ce silence ; et du ton le plus touchant, les bras élevés et les mains jointes, il profère ces seules paroles.... *Mon Dieu, vous le savez, je crois n'avoir rien à me reprocher !* Et dans l'instant chacun soulage son cœur ; des sanglots et des torrens de larmes coulent de tous les yeux. Madame d'Orléans s'élance vers le lit de son père, se saisit de ses mains, les arrose de larmes, seule expression permise à sa douleur ! Ce bon père la laisse satisfaire sa piété pour lui. Chose bien étonnante et bien remarquable ! cet homme si sensible que j'avois vu pleurer tant de fois, ne versa pas une seule larme dans cette occasion, qui en fit tant répandre aux autres.

M. de Penthièvre pria sa chère enfant de se retirer, ce qu'elle fit. On la prit sous les bras pour la soutenir, et la reconduire chez elle. Son état auroit arraché des larmes

au cœur le plus dur ! M. de Penthièvre
se leva. Je l'observois attentivement, et
je crus voir en lui quelque chose de surnaturel. Il passa sur-le-champ dans son
cabinet pour y faire ses prières, qui durè-
rent long-tems ; ensuite il se fit coiffer.
Mais point de travail, point de secrétaire :
méditation, silence et recueillement le plus
profond ; ce qui régnoit dans toute la
maison, où l'on n'osoit se regarder : il
sembloit que l'on n'avoit plus rien à se
dire. A l'heure de la messe la chapelle se
trouva tendue en noir, et on y fit l'office
des morts.

Les douleurs de M. de Penthièvre et de
madame d'Orléans furent vivement par-
tagées par tout le monde, qui regrettoit
une femme adorable, et dont le genre de
mort rendoit la perte encore plus affreuse.

La ville de Vernon voulut donner, dans
ces tristes circonstances, à M. de Penthièvre et à madame d'Orléans sa fille, une
marque éclatante de l'amour et de l'atta-

chement qu'elle leur avoit voués, et de la part qu'elle prenoit à leur affliction.

En conséquence toute la ville, les citoyens de toutes les classes et de toutes les opinions, simultanément, s'assemblèrent dans la principale église pour y délibérer sur ce que l'on pourroit faire pour assurer et garantir de toute espèce d'insultes les personnes de M. de Penthièvre et de madame d'Orléans sa fille, et leur faire un rempart de l'opinion générale.

Il fut arrêté que l'on chercheroit le plus bel arbre pour être planté à la porte du château, et devant les fenêtres mêmes du père et de la fille ; que toute la ville en masse, les femmes, les enfans, toutes les jeunes filles en blanc, accompagneroient l'arbre en grande solennité ; que l'arbre seroit orné de tous les attributs de la liberté ; et qu'un tableau y seroit attaché à une hauteur convenable, où on liroit en gros caractères :

HOMMAGE RENDU A LA VERTU.

Rien ne pouvoit être plus consolant , ni plus flatteur en même temps pour nos illustres affligés , qu'un aussi grand témoignage d'amour et d'affection. Le jeudi , 20 septembre 1792 , fut choisi pour cette touchante cérémonie , qui fut véritablement une fête de sentiment.

M. de Penthièvre , extrémement sensible à un si grand témoignage d'attachement, désira en montrer toute sa reconnoissance par un festin fraternel qu'il donna à cette grande réunion. Sa fille et lui n'oublièrent rien pour témoigner leur satisfaction et leur sensibilité , par toutes les attentions qu'ils prodiguèrent à tout le monde. Il n'y eut personne à qui M. de Penthièvre et madame d'Orléans ne dirent quelques choses de tendre et d'obligeant; eh! qui n'eût pas été touché de toutes ces attentions de la part de deux personnes si respectables et si intéressantes.

Tout concourut à rendre cette journée délicieuse; le beau temps y contribua beaucoup; le soulagement et la consolation qu'y reçurent M. de Penthièvre et madame d'Orléans ; l'agrément et la joie publique, la sensibilité et la reconnoissance en firent une journée aussi heureuse que le pouvoient permettre alors les circonstances. Le soir chacun se retira avec la satisfaction d'avoir concouru à une action aussi louable.

M. le prince de Conti qui étoit rentré en France à cette époque, et qui depuis peu avoit écrit à M. de Penthièvre à l'occasion de la mort de sa belle-fille, ayant appris ce qui s'étoit passé à Vernon à son sujet, lui écrivit de nouveau en ces termes :

« M. de Conti embrasse de tout son » cœur M. de Penthièvre et le félicite avec » le plus grand empressement, sur le té- » moignage d'amour et d'affection qu'il » vient de recevoir de la part de ses con- » citoyens de Vernon. Dans tous les temps » ces marques d'attachement ont été dé- » licieuses ; mais maintenant c'est le bon- » heur suprème, etc. »

Je me suis fait un devoir, et un plaisir bien

bien doux de rapporter un trait qui honore la ville et les habitans de Vernon ; mais auparavant, la vérité m'oblige de relever une erreur insérée dans la prétendue Vie de M. de Penthièvre ; l'auteur dit à la page 165, vol. ii : « On vint pour enlever le duc, mais les habitans de Vernon s'y opposèrent , dételèrent les chevaux , et déclarèrent qu'ils ne consentiroient point que le prince fût conduit dans une maison de réclusion. » Il n'y a assurément rien de plus faux que cette assertion.

Tout le monde sait que Vernon est un très-grand passage de troupes, parce que c'est le point où se croisent deux grandes routes, celle d'Evreux à Gisors, et celle de Paris à Rouen. Tous les jours il passoit à Vernon des corps entiers ou des détachemens dont tous les hommes désiroient profiter de ce passage pour voir le vertueux prince qui y faisoit son séjour.

L'arbre, avec ses signes , ses attributs et son inscription, mis à la porte du prince, étoit un témoignage authentique du sentiment de la vénération universelle : c'étoit pour les hommes qui venoient de tous les points de la France une marque éclatante qui leur confirmoit ce qu'ils avoient entendu dire partout : tous, à les entendre, auroient voulu avoir pris part à la plantation de cet arbre ; en admirant cette belle action des habitans de Vernon, on leur envioit le bonheur et la gloire de l'avoir faite.

1793.

Maladie et Mort de M. de Penthièvre.

J'ai suivi, comme on a vu, M. de Penthièvre année par année, maintenant je n'ai plus que quelques mois, et quelques jours ; mais ce ne sont pas les moins intéressans. Déjà ce prince n'existoit plus que dans un état de langueur qui augmentoit sensiblement de jour en jour, malgré les soins que l'on prenoit de lui. Mais, comme je l'ai déjà dit tant de fois, à mesure que le corps se détruisoit en lui, l'âme sembloit acquérir des forces nouvelles.

Depuis 1788 on lui avoit appliqué un vésicatoire au bras, qui nécessitoit deux pansemens par jour. Pendant l'un de ces pansemens, le prince regardant en silence un tapis très-joli qu'il avoit sous les pieds, dit à son médecin, M. Campinas, «ce tapis » est joli ; pour compléter l'appartement » il en faudroit un semblable dans la salle » à manger, croyez vous que j'aie le temps » de le faire faire? » Le médecin affectant un ton d'assurance, dit : oh! pour cela oui, Monseigneur ? Le prince reprit avec dou- ceur : « Je n'en suis pas persuadé : malgré » vos bons soins, messieurs, il me semble » que je marche à grands pas vers ma des- » truction et que ma fin n'est pas éloi- » gnée. » Ce prince prononça ces dernières paroles avec une tranquillité d'âme qui annonçoit sa parfaite résignation.

Depuis le 10 août il ne donna plus d'at- tention sérieuse qu'à ce qui concernoit la trop malheureuse famille royale, avec la- quelle il eut un intermédiaire tant que son infortunée belle-fille partagea leurs peines et leurs malheurs. Mais maintenant tous les liens vont être rompus; l'abandon devint extrême, il ne les vit plus que par une imagination troublée et des pensées qui s'égaroient et se perdoient au travers des horreurs et des forfaits.

Dès les premiers instans que commencèrent les troubles en France, M. de Penthièvre n'avoit cessé de dire dans toutes les occasions : Dieu et le roi; au reste que l'on fasse tout ce que l'on voudra. Ses vœux et ses prières ont été superflus. Le nom de Dieu fut blasphémé, méconnu, outragé : le roi et sa famille prisonniers, furent traités ignominieusement, et leur perte fut jurée.

M. de Penthièvre, déjà détaché de la terre depuis long-temps, n'y tenoit plus que par l'amour qu'il avoit pour le roi; la perte du monarque déchira le reste de l'enveloppe de son âme. Ce jour à jamais déplorable dans les annales du monde, et particulièrement dans celles de la France, est le 21 janvier 1793 ! Le 20 se trouva le deuxième dimanche après l'Epiphanie et en même temps jour de S. Sébastien, martyr qui anciennement étoit chômé dans le diocèse d'Evreux, sur lequel se trouve Vernon. Comme alors M. de Penthièvre ne sortoit plus de sa maison et y faisoit faire l'office suivant le rituel d'Evreux, il avoit obtenu que dans la chapelle du château de Bisi, ainsi que dans celle de celui d'Anet, le Saint-Sacrement y reposât; et on y prenoit le Saint-Viatique pour porter aux malades, de même que les saintes huiles pour administrer l'Extrême-Onction.

Le dimanche 20 janvier, M. de Penthièvre assista à tout l'office, et passa la plus grande partie du jour et de la nuit à adorer le Saint des Saints, en qui il avoit une foi et une confiance si parfaites. Son son silence et son recueillement furent continuels; son exemple commandoit le respect, et la tristesse régnoit dans toute sa maison. L'on ne voyoit plus que la présence de son corps : son âme ne fut plus occupée que des choses du ciel pendant toute cette journée, ainsi que celle du lendemain.

Le 20, avant de se coucher, le Prince fit ses exercices de piété dans sa chambre, comme il en avoit l'usage; mais avec des manières si touchantes, qu'il ne sembloit plus un homme mais un ange. Il se coucha : mon confrère et mon ami Lemarchand, qui veilloit alors dans la pièce près de lui, l'entendit se relever et aller de sa chambre à la tribune de la chapelle ; de sorte qu'il passa la nuit comme il avoit fait la journée, à prier, à gémir devant Dieu. Le matin, mon ami me dit, le cœur navré de douleur : le Prince a été agité toute la nuit; il n'y a que peu de temps qu'il s'est remis dans son lit. Quelle cruelle journée se présente, et comment va-t-il la passer !

En entrant dans sa chambre, nous le vîmes dans son lit, veillant et priant, mais dans le calme de la mort : sa figure avoit quelque chose de majestueux, et au lieu de la pâleur ordinaire, son visage étoit vermeil et coloré. Le calme de cette âme, ce corps sans mouvement, avertissoient toute sa maison d'observer le plus grand recueillement, comme il le gardoit lui-même ; tout ce qui environnoit ce Prince offroit l'image de la tristesse et de la douleur : enfin il sembloit que tous les objets autour de lui avoient perdu le mouvement et la vie.

Ce 21 janvier, jour de douleurs et de deuil, M. de Penthièvre sort de son lit dans un morne silence, avec l'air de la plus parfaite résignation ; il prend de l'eau bénite, fait le signe de la croix en élevant ses yeux au ciel. Entouré de son monde ordinaire, il paroît comme au milieu d'étrangers : il remercie pour le plus petit service : sa douceur, sa patience et sa bonté se manifestoient encore d'une manière plus touchante, dans ses paroles et dans la moindre de ses actions ; mais le mal faisoit des progrès ; rien ne put l'arrêter. L'hydropisie se déclara au dehors, et les pieds devinrent très-enflés. On lui proposa de changer de bas ; tout comme vous voudrez, dit-il : cela ne guérira rien , mais on sera moins effrayé si mes jambes paroissent moins grosses. Il prononçoit tout cela avec calme et la résignation la plus parfaite , qui auroit étonné bien du monde moins accoutumé que nous à le voir et à l'entendre : malheureusement l'habitude que nous en avions, nous faisoit perdre le fruit d'un tel exemple de patience et de vertu.

J'ai dit que M. de Penthièvre étoit dans le saint usage de communier une fois chaque semaine , et particulièrement le jeudi. Sa maladie ne le priva point de ce bonheur ; et dans ces derniers temps , quelque régime que son médecin jugeât convenable de lui faire observer, le jour de sa communion il interrompoit les remèdes, et ne prenoit jamais rien qu'il n'eût rempli ce pieux devoir.

Un des jours qu'il avoit le cœur si affligé et l'esprit si rempli des événemens douloureux , on lui présentoit quelque chose à boire. Il demanda au médecin : Qu'est-ce

que vous me donnez-là ?—C'est telle chose,
Monseigneur. Ah! répondit-il , si je pouvois être seulement quelques minutes en
simple végétation , à ne penser à rien, cela
me feroit plus de bien que toutes ces bois-
sons.

Le jeudi 28 février , quatre jours avant
sa mort, M. de Penthièvre se prépara dès
le matin à remplir le désir de son cœur et
le vœu de sa piété : et ce jour-là , au lieu
d'entendre la messe dans sa tribune, qui
tenoit à son appartement , il se fit porter
et descendre à la chapelle , comme il avoit
fait les semaines précédentes. La messe
dite et sa dévotion remplie, il se fit remonter dans son cabinet, où on lui donna
une tasse de quelque boisson qu'il prit
devant sa chère fille , qui s'occupoit de
lui avec une affection admirable.

Comme le cabinet étoit petit , et que
trop de monde y rendoit l'air moins libre,
il pria qu'on le laissât seul avec moi ; et
quand tout le monde fut retiré , il me dit
qu'il s'apercevoit d'un changement, et qu'il

respiroit un peu plus facilement : sa tête se penchoit naturellement ; il la relevoit de temps en temps, et me regardoit avec bonté. Il me dit une fois : je suis bien mal, mon pauvre Fortaire ; mon corps s'anéantit : c'est une chose bien triste que d'être obligé de se faire porter comme j'y suis réduit.

Dans l'instant il me vint un souvenir assez heureux. Je lui dis : Monseigneur, ce n'est pas ce qui doit vous affliger ; votre Altesse a vu dans le monde un assez jeune magistrat qui, en parfaite santé et avec une fort belle figure, étoit obligé de se faire porter jusque dans les compagnies. Ah ! oui, répondit-il ; c'est sans doute du président Turgot que vous voulez parler. — Oui, Monseigneur. — Vous citez juste, Fortaire, et vous êtes consolant ; je vous en remercie.

Le lendemain vendredi, premier de mars, à pareille heure je me trouvai encore un moment seul avec lui après la messe, qu'il avoit entendue à sa tribune. Cet état de langueur et d'anéantissement paroissoit augmenter d'une manière sensible , et je ne pouvois me contraindre au point de ne paroître pas y faire attention. Le Prince, qui me regardoit de temps en temps, s'aperçut de mon embarras et me dit en me regardant fixement : vous paroissez avoir de l'inquiétude , est-ce que vous avez peur, est-ce que vous craignez pour moi? Ces paroles m'embarrassèrent beaucoup , je ne savois comment y répondre , parce que mon cœur se serroit davantage : néanmoins mes réponses parurent le satisfaire.

Fréquemment il faisoit des signes de croix , prioit intérieurement , élevoit son cœur à Dieu , et disoit souvent tout haut : mon Dieu , secourez - moi ; mon Dieu , ayez pitié de moi! Cette belle âme faisoit auprès d'elle-même les fonctions d'un ministre de Dieu , d'un prêtre consolateur ; et assurément il ne pouvoit pas en avoir un plus rempli d'onction , plus instruit, plus éloquent et plus consolant.

Oh ! qu'une vie pleine de vertus , de grandes et bienfaisantes actions ; qu'une vie pleine de foi, conforme aux règles, à l'esprit et aux maximes de l'Evangile, est à la mort un précieux trésor ! Je n'ai rien vu au monde de comparable à la fin de ce saint homme.

Rien n'est plus beau à voir que la mort du Juste. Le ciel s'en réjouit, et le monde peut s'en édifier. C'est le vertueux Penthièvre qu'il faut voir mourir, pour se pénétrer des avantages que procure une vie sincèrement chrétienne. Cet homme, parfait et pur, se trouve muni de tous les secours qu'offre la religion ; son cœur et toute son âme éprouvent la pleine efficacité des saints mystères.

Pendant les trois derniers jours de la vie du Prince, je me trouvai presque toujours seul avec lui, entre la messe et le dîné. Lorsque son contrôleur de bouche venoit l'avertir qu'il étoit servi, il se levoit de son fauteuil pour aller se mettre à table. Madame d'Orléans venoit au-devant de lui, lui prenoit les mains, les baisoit avec transport, le conduisoit à sa place, lui disant

les

les choses les plus tendres , auxquelles ce bon père répondoit avec amour et tendresse.

Le samedi 2 mars , il fit encore dans la matinée ses prières et ses exercices de piété et de religion ; mais le travail avec son secrétaire fut pénible , et le dernier usage qu'il fit de sa main et de sa plume fut pour ordonner que ses charités se continuassent sur le même pied que par le passé , malgré la diminution considérable de ses revenus.

M. de Penthièvre finit ses jours par une hydropisie de poitrine , qui occasionna une enflure considérable aux pieds , aux jambes et aux cuisses ; son visage ni ses mains n'en furent point atteints : il étoit habillé , et en linge propre , à son ordinaire , rien dans sa personne , rien autour de lui n'annonçoit la maladie , que la foiblesse et la gêne de la respiration. Point de toux , point de crachats , tout étoit en lui dans la plus grande propreté ; et c'est ainsi qu'il monta encore seul et sans être soutenu le petit escalier de son cabinet à sa tribune , où il entendit la messe son livre à la main.

27

Il désira se promener en carrosse, et à huit heures du soir je lui récitai l'Office comme il m'en avoit prié. Il se leva aussitôt pour se mettre à genoux ; je lui dis : Monseigneur , vous pourriez vous dispenser de vous mettre à genoux (parce qu'il avoit les jambes et les cuisses extrêmement enflées). Non, dit ce saint homme, je ne dois pas m'en dispenser ; j'ai toute ma vie été dans l'usage de faire mon action de grâce à genoux , et Dieu me fera la grâce de le faire encore aujourd'hui : et il le fit , non sans peine.

Le médecin , qui s'étoit tenu assis à la porte du cabinet dans la chambre à coucher pendant le temps de la récitation de l'office, me dit après ; Mon Dieu , combien de versets et de passages dans ces psaumes et dans cet office se sont trouvés conformes à l'état du Prince! De telles prières , faites par un aussi saint homme , ne peuvent manquer d'être exaucées.

Le dimanche matin , 3 mars , l'on entra dans la chambre de M. de Penthièvre à l'heure qu'il avoit donnée. Une personne de la part de madame d'Orléans vint en même temps pour lui demander des nouvelles de sa santé, et comment il avoit passé la nuit. Ses réponses furent pour nous un coup de foudre, quand nous y vimes de l'irrégularité, un peu de trouble et d'obscurité. Cependant le médecin lui tâta le pouls, et n'y trouva encore rien d'alarmant. Comme il étoit dimanche, M. de Penthièvre voulut se lever tout de suite pour être prêt à l'heure de la messe.

Mais aussitôt qu'il fut levé, il se fit en lui un prompt changement, et tout annonça son dernier jour; jour de douleur pour nous, et de triomphe pour lui ! On le chaussa néanmoins, mais il ne fut pas possible d'en faire davantage. Etant dans son fauteuil, il se sentit foible, et me dit : Je vous en prie, Fortaire, soutenez-moi, car je tombe. Alors je me plaçai derrière lui, et je glissai mes deux mains sous ses bras, dont une se trouva placée sur son cœur, que je sentis palpiter avec des mou-

vemens fort irréguliers. Mais bientôt je ne
sentis plus rien que le corps, qui s'affaissoit
dans mes bras : dans cet état , je fis signe
au médecin , que je voyois dans la pièce
voisine ; il vint , tàta le pouls , et ressortit
tout de suite.

Sur-le-champ entra le confesseur. Il se
présenta en silence devant le Prince , qui
le regarda et lui dit : *Qu'est-ce que c'est ?
avez - vous besoin de me parler ?* Oui ,
Monseigneur. *Je suis donc en danger ?*
Monseigneur, on ne sait pas ce qui peut
arriver. *Eh bien ! je vous remercie de votre
attention ;* et nous dit à nous : Sortez ,
messieurs , un instant, sortez ; cela ne
fut pas long. Le confesseur me dit tout
bas : Le Prince a demandé que la messe
fût dite à midi juste, et il veut être administré tout de suite après.

Je repris M. de Penthièvre de la même
manière que je l'avois tenu avant ; il parut
désirer le moment de la messe , et le bonheur d'être administré ; il demanda même
deux fois pourquoi l'on ne se préparoit pas

pour la cérémonie. Je lui dis : Monseigneur
ne la demande que pour après la messe, et
il n'est pas encore midi. Toujours occupé
à prier, de temps en temps il disoit assez
haut et très-distinctement : Mon Dieu,
secourez-moi ! Mon Dieu, ayez pitié de
moi, soutenez ma foiblesse ! et il prioit
intérieurement.

La messe commença à midi juste, pour
se conformer aux intentions du malade.
Elle fut célébrée par M. l'abbé Lambert,
confesseur ; et l'aumônier étoit dans la
chambre du Prince, qui lui dit : M. l'Abbé,
tenez-vous, s'il vous plaît, à la porte de
la tribune, et je vous prie de m'avertir
quand la messe commencera, ensuite à
l'*Introït*, à l'*Epitre*, à l'*Evangile*, à la
Consécration et à la *Post-Communion.*
Voilà, je crois, les dernières choses
qu'il ait demandées de sa vie. L'aumônier
se conforma aussi très-exactement à ce
que le malade lui avoit demandé, et
quand il vint en dernier lieu, M. de Penthièvre lui dit avec bonté et reconnois-

sance : *Je vous remercie, Monsieur l'Abbé.*

La messe finie, M. de Penthièvre fit, d'une voix entrecoupée , son action de grâce, qu'il termina par le signe de la croix. Comme on pouvoit entrer dans sa chambre par son cabinet sans qu'il le vit, l'on usa de ce moyen pour y apporter tout ce qui étoit nécessaire pour la cérémonie. Il entendit, et fit un mouvement pour regarder, vit la table et l'appareil qui étoit dessus, et dit d'une voix qui exprimoit un mélange de tristesse et de piété : *cela est triste !* Mais apercevant sa table de nuit qui étoit encore couverte de tout ce qu'il y avoit mis la veille , il dit : que l'on ôte tous ces objets, et qu'on les mette dans les tiroirs de la commode.

Le saint Viatique arrive. M. de Penthièvre, dans son fauteuil presque en face de la porte, voyant entrer le prêtre, fait un mouvement de corps et de tête comme pour se lever et saluer; ensuite on récite les prières accoutumées , auxquelles ce prince répond avec les assistans. Le prêtre ensuite s'étant approché, adressa au malade, autant que ma mémoire peut me les rappeler, les paroles suivantes :

« Monseigneur, voici le Sauveur du » monde, à qui vous avez été si attaché » pendant toute votre vie. Il n'y a que » quatre jours que vous vintes vous unir » à lui, et le recevoir dans le sanctuaire » qu'il daigne habiter ; aujourd'hui, par » un acte de son amour, il vient chez vous » s'unir à vous, vous aider, vous sou-» tenir, et vous fortifier dans l'état de foi-» blesse où vous vous trouvez.

» Je n'ai pas besoin, Monseigneur, de » vous parler de votre Foi, ni de la con-» fiance que vous devez avoir en ce Dieu de » bonté, dans sa grandeur, dans son » amour, dans sa justice et dans sa misé-» ricorde ; tous ces sentimens sont dans » votre cœur et dans votre âme d'une ma-» nière fort au-dessus de mes foibles ex-» pressions. Vous en avez, Monseigneur, » toute votre vie donné la preuve.

» Votre carrière dans la pratique de

» toutes les vertus chrétiennes a été longue,
» constante et entière ; et je peux assurer
» de votre part, Monseigneur, aux assis-
» tans qui m'entendent et au monde entier,
» que dans ce moment encore plus que
» jamais votre cœur et votre âme sont
» pleins de foi, d'amour et de reconnois-
» sance pour ce Dieu de toute bonté que
» vous allez recevoir. » M. de Penthièvre
répondit avec la plus parfaite connoissance,
et très-distinctement : *oui , Monsieur, ce
sont mes sentimens ; c'est le désir de mon
cœur. Je mets dans ce Dieu de bonté toutes
mes espérances , et j'attends tout de sa miséricorde.*

Le saint Viatique administré , on se
prépara tout de suite pour l'Extrême-Onction. M. de Penthièvre y porta la plus
parfaite attention , s'unit à toutes les prières , et répondit à tout avec les assistans ;
et comme il étoit chaussé et en petite re-
dingotte du matin, lorsqu'il fallut décou-
vrir les endroits qui devoient recevoir les
onctions, il fit tous ses efforts pour en

faciliter les moyens, avec une patience admirable. A la récitation des prières des Agonisans, il prêta toute son attention et répondit par ces mots : *priez pour moi*, ajoutant *mon Sauveur et mon Dieu, ayez pitié de moi, recevez mon âme ;* et avec un ton qui ne peut s'exprimer : SORTEZ DE CE MONDE, MON AME, PARTEZ ! et de cet instant ce Prince entra dans le plus grand calme. Tenant les mains jointes, et recueilli intérieurement, il ne cessoit de prier. Les cérémonies étant finies et les prêtres retirés, comme il n'avoit encore rien pris on lui donna tout de suite quelque chose de fortifiant, et de temps en temps quelques cuillerées de cordiaux. Il prenoit tout ce qu'on lui présentoit sans répugnance et comme pour céder aux empressemens qu'on avoit pour le secourir, en remerciant toujours avec un air de soumission et d'obéissance.

Sur les deux heures, croyant m'apercevoir qu'il étoit plus ferme dans son fauteuil, je le quittai doucement en retirant mes mains de dessous ses bras , pour aller prendre un peu de nourriture. Il s'en aperçut , et demanda où j'étois. On lui dit que j'allois revenir ; et on vint tout de suite me le dire. Je retournai sur-le-champ ; il me regarda avec bonté , faisant un mouvement de tête et des yeux pour montrer sa satisfaction de me voir de retour. A peu près à l'heure que M. de Penthièvre étoit dans l'usage de passer dans son cabinet pour s'y recueillir, il désira encore d'y rentrer ; et vers les six heures du soir , il demanda qu'on l'y conduisît. Nous l'aidâmes , ou plutôt, nous le levâmes de son fauteuil ; et soutenu sous les bras, il marcha pourtant, mais avec peine, jusqu'à la cheminée du cabinet ; on lui approcha le fauteuil , comme il parut le désirer. C'est dans ce cabinet , dans ce fauteuil et dans cette situation , que dans un calme et une tranquillité difficiles à exprimer, sans trouble , sans inquiétude et sans agonie , il a existé encore dix heures. Cet état n'avoit rien d'affligeant , rien de triste : tout en lui étoit vénérable, il paroissoit uniquement occupé de Dieu; seulement il recevoit ce que l'on jugeoit à propos de lui faire prendre. Les personnes qui l'entouroient étoient dans l'admiration, et ne pouvoient croire qu'il allât finir, car rien ne l'annoncoit. Tous les tableaux que l'on nous fait de la mort, ceux même que nous avons vus, n'ont aucun rapport avec la fin douce et tranquille de M. de Penthièvre; sa mort n'a été que le soir d'un jour calme et serein.

Une heure avant de rendre le dernier soupir, M. de Penthièvre ayant ouï éternuer un de ses valets de chambre, fit encore un petit mouvement, et dit: *Dieu vous bénisse.* Ainsi les dernières paroles qu'il prononça furent de demander à Dieu sa bénédiction pour un de ses serviteurs! Une heure après, il s'endormit dans le sein du Seigneur, le lundi 4 mars 1793, un instant avant quatre heures du matin.

Nous ne devons pas oublier un fait qui honore beaucoup les habitans de la ville de Vernon. Ayant appris que M. de Penthièvre alloit mourir, ils s'assemblèrent en Conseil-Général, où il fut arrêté que le Maire se rendroit auprès de ce prince, afin de le prier, au nom de tous, de leur donner sa bénédiction (1); démarche attendrissante, et acte de respect très-remarquable dans un tems où la révolution sembloit éteindre toutes les lumières de l'esprit et étouffer tous les sentimens du cœur.

Mais je ne quitterai les dépouilles mortelles de mon cher maître qu'au moment où elles seront déposées dans la tombe. Le lundi 4 mars, jour de la mort de M. de Penthièvre, le chirurgien et l'apothicaire de la maison allèrent à Paris chercher ce qui étoit nécessaire pour l'ouverture du corps, et pour l'embaumer. Ils revinrent le mardi 5, et le même jour les officiers de santé, au nombre de cinq, procédèrent à l'ouverture du corps, en présence de M. le comte de Pardaillan, premier offi-

____

(1) Voyez pièces justificatives N°. II.

cier

cier présent du Prince, et de quatre va-
lets-de-chambre. A l'examen exactement
fait de toutes les parties intérieures du
corps les officiers de santé, dont deux
médecins et deux chirurgiens et un apothicaire, convinrent unanimement reconnoître qu'il n'y avoit partout dans l'intérieur que des engorgemens, occasionnés
par les chagrins et les peines que ce prince
avoit éprouvés; que tous les viscères étoient
dans le meilleur état, et que M. de Penthièvre auroit pu vivre encore long-temps.

Le mercredi 6 mars, le corps fut trans-
porté à Dreux accompagné de deux ecclé-
siastiques, l'aumônier et le confesseur du
Prince, et de la manière la moins appa-
rente (car déjà l'on n'osoit presque plus
rendre de devoirs aux morts). En chemin
se joignirent à la voiture qui portoit le
corps trois personnes d'Anet, et l'ancien
lieutenant-général du bailliage de Dreux
qui vint au-devant.

Le jeudi 7, le cercueil fut descendu dans
le caveau, auprès de ceux de sa famille.

La ville de Dreux peut donc s'honorer du dépôt de ces précieuses dépouilles, et gémir en même temps sur la violation du tombeau qui les renfermoit, ainsi que celles de toute la famille de M. de Penthièvre (1), crime de fureur, de lâcheté et de barbarie, dont la révolution n'a offert malheureusement que trop d'exemples.

----

(1) Voyez les Pièces Justificatives, N°. V,

FIN DES MÉMOIRES.

PIÈCES JUSTIFICATIVES.

N°. I.

Les habitans de Vernon avoient arrêté de planter l'arbre de la liberté devant la principale porte du château de Bizy, village dépendant de la ville de Vernon : ils vouloient que l'asyle de leur bienfaiteur fut respecté par les troupes, dont le passage étoit fréquent dans la ville de Vernon.

M^r. P. I. J. Rigault (1), maire de cette ville, se présenta à la tête du conseil général, et porta la parole à M. le duc de Penthièvre, en ces termes : « JEAN-LOUIS-MARIE BOUR- » BON PENTHIEVRE , dans une heure les » habitans des communes de Vernon vont » planter l'arbre de la liberté devant cette

---

(1) Ce magistrat étoit avant la révolution conseiller du roi , lieutenant civil, criminel, et de police du bailliage de Vernon , depuis, juge de l'arrondissement du district d'Evreux ; arrêté en 1793, il est mort le 11 thermidor an 2 à l'hospice de la Conciergerie de Paris.

» habitation; vers laquelle ils s'avancent en
» foule.

» Mes concitoyens ont été saisis d'un en-
» thousiasme véritable. La musique des guer-
» riers; le soldat citoyen et la mère de fa-
» mille; l'enfant et le vieillard; les univer-
» selles acclamations; expressions libres et
» vraies; marche grande et sublime; écoutez...
» Cette belle vallée retentit des accens d'une
» commune allégresse. Le conseil général est
» là, il vient assister à cette fête toute po-
» pulaire.

» Ce n'est point le Mai féodal qui sera
» planté; nos concitoyens sont entraînés par
» tout autre sentiment que par la contrainte
» et l'intérêt.

» Les habitans de cette commune conser-
» vent dans toutes leurs actions le profond
» souvenir de vos bienfaits journaliers, car
» votre belle âme ne se montre jamais à nous
» que par un acte de bienfaisance.

» Vainement, Jean-Louis-Marie Bourbon
» Penthièvre voudroit s'opposer à ce réel
» élan du cœur, hommage rare et sincère
» rendu à ses grandes vertus! D'ailleurs,
» Jean-Louis-Marie Bourbon-Penthièvre,

» n'êtes-vous pas depuis l'année 1789 le com-
» mandant de notre garde nationale ? par le
» vœu d'un peuple qui vous aime, ne parti-
» cipez-vous pas aux fonctions municipales ?
» Me seroit-il donc permis de peindre tous les
» mouvemens de votre âme ; moi, qui en suis
» chaque jour le juge et l'irrécusable témoin,
» dans le travail où ma charge personnelle
» m'unit à vous.

» Le magistrat n'a point la mission de
» justifier, ici, l'acte populaire : deux arbres
» de la liberté seront plantés dans la com-
» mune de Vernon ; l'un, élevé devant la
» maison commune , marquera l'autorité
» municipale ; l'autre, planté dans ce lieu,
» que vous nous rendez si cher, doit indiquer
» et protéger le puissant refuge toujours ou-
» vert aux malheureux. Ces deux arbres an-
» nonceront encore que ces lieux sont à jamais
» sacrés ; et la liberté, comme la vertu,
» veillera sur les destinées de tous mes con-
» citoyens. »

N°. II.

M. le duc de Penthièvre étoit sur le point d'expirer lorsqu'on annonce le conseil général de la ville de Vernon ; la veille le prince avoit travaillé pendant plus d'une heure avec le maire sur les secours à distribuer aux infortunés du canton. M. le chevalier Du Authier, gentilhomme ordinaire de M. de Penthièvre, va recevoir le conseil général.

Le maire de la ville, M^r. Rigault, veut prendre la parole ; mais oppressé par la douleur, il ne peut retenir ses larmes qui, coulant en abondance, se mêlent aussitôt avec celles des assistans. M. le maire s'étant un peu remis, s'adresse à M. le chevalier Du Authier et dit :

» Le conseil général étoit tout à l'heure
» assemblé..... une voix s'est fait entendre.....
» M. de Penthièvre touche aux derniers mo-
» mens de sa vie. — On se lève tous ensemble,
» et l'on marche entouré d'un peuple qui
» partage nos tristes pressentimens et est
» plongé, comme nous, dans la plus vive
» douleur.

» On vouloit savoir comment le juste quitte
» ce monde. C'est pour le peuple une belle
» leçon et un grand spectacle!

» Priez M. de Penthièvre, s'écria-t-on,
» de donner sa dernière bénédiction à tout
» ce peuple, à ses magistrats et à toute cette
» belle contrée; l'homme vertueux n'a-t-il
» pas aussi reçu du ciel la plénitude du sa-
» cerdoce (1)?

» Dites à sa fille chérie, qu'héritière des
» vertus de son père, elle a des droits bien
» acquis à tout l'amour de nos concitoyens.

» Le corps de M. de Penthièvre sera dé-
» posé à Dreux et dans le tombeau de ses
» pères, il l'a voulu ainsi.

» Nous recueillerons, nous, son dernier
» soupir; et puisse un instant sa belle âme
» se reposer dans nos cœurs. »

----

(1) Idée fausse et fruit du délire qui gagnoit
alors les gens les plus sensés.

Nº. III.

Portrait de M. de Penthièvre par madame de Créquy.

« M. le duc de Penthièvre est d'une taille
» médiocre, mais noble et très-agréable; sa
» physionomie annonce de l'esprit, de la dou-
» ceur et même un peu de coquetterie; il vous
» oblige en vous regardant; et lorsqu'il vous
» a parlé, vous vous sentez attiré à l'aimer
» autant qu'à le respecter.

» Voilà ce que j'ai éprouvé au premier as-
» pect; mais lorsque mes malheurs et ses
» bontés m'ont donné des rapports plus parti-
» culiers avec lui, j'ai trouvé que son âme
» étoit au-dessus de tout le reste ; qu'il
» étoit mille fois supérieur à tout ce que sa
» figure annonçoit, à tout ce que ses manières
» laissoient entrevoir. Son âme est d'une
» trempe si peu commune que je ne trouve-
» rai point l'expression qu'il faudroit pour ce
» que je vois et encore moins pour ce que je
» sens. Toutes les vertus y sont dans un équi-
» libre parfait, parce que la sagesse les con-
» tient toutes dans les bornes qu'elles ne
» peuvent franchir sans devenir vices ou dé-

» fauts. Généreux sans prodigalité ; chari-
» table sans imprudence ; dévot sans minu-
» tie ; tendre sans foiblesse ; modeste avec di-
» gnité ; secret et discret sans être mystérieux ;
» tout est à sa place, paroles, actions, main-
» tien, égards, rien n'est omis, et rien ne
» paroît coûter.

» Ce prince m'a paru un être si différent
» des autres hommes, que j'avoue que pen-
» dant deux années j'ai plusieurs fois épié
» ses défauts pour essayer de consoler mon
» amour-propre. Recherches vaines ! Mes
» observations n'ont servi qu'à me faire mieux
» sentir sa supériorité sur les plus parfaits.
» Je me suis dit que je ne devois point aspirer
» à une perfection fondée par la nature dans
» un de ses plus heureux momens, et enté
» sur la religion la plus solide.

» Avec des droits si bien établis et si bien
» reconnus, croiroit-on que ce prince fût privé
» du bonheur ; ce bonheur de sentiment, le
» seul qui rende l'existence agréable ; cepen-
» dant il éprouve cette privation, cela n'est
» que trop vrai, et si nous n'osons espérer de
» le voir plus heureux, c'est que sa perfection
» physique et morale semble y former des
» obstacles invincibles.

» La finesse de ses organes démêle tout
» avant que d'avoir raisonné, et la justesse
» de son raisonnement achève en lui ce dis-
» cernement exquis que blesse toute action
» contraire au bon ordre; il est aisé de con-
» cevoir le poids d'une telle charge pour un
» prince du sang. Le cœur de S. A. S. a un
» besoin d'aimer qui est pour les âmes dé-
» licates le premier de tous; et M. le duc de
» Penthièvre y est d'autant plus sensible qu'il
» en a pris l'habitude dès ses premières an-
» nées. Il se joint donc à ses privations une
» persuasion qu'il ne retrouvera pas ce qu'il
» a perdu, et cette certitude qu'il porte dans
» son cœur répand sur toutes ses actions je ne
» sais quelle mélancolie tendre, qui ressemble
» à l'espèce de langueur que donnent les lon-
» gues maladies ; cette découverte pour qui
» jouit de sa société ajoute un degré d'intérêt
» à tout celui qu'on y prenoit déjà.

» Bien des personnes croient que l'amour,
» ou plutôt ce qui ressemble si bien à l'amour
» et qui l'est si peu, lui rendroit l'univers
» qu'il a perdu. Je suis juge incompétent de
» ce genre de félicité; mais je ne crois pas
» que ce fût la sienne; il pourroit trouver des

» qualités aimables qui feroient distraction
» pour le moral, et consolation pour le phy-
» sique; mais ses sens ne sont plus neufs ; ses
» lumières sont vives, ses reflexions pro-
» fondes, le souvenir du passé rendroit le
» présent redoutable, et pour lui et pour la
» personne qu'il auroit choisie; et si elle
» s'avisoit de l'aimer autant qu'il mérite de
» l'être, peut-être lui deviendroit-elle désa-
» gréable et importune. Voilà donc des or-
» ganes exquis qui rendent malade et mal-
» heureux. Un cœur qui désire et qui éprouve
» une espèce d'exil sur la terre : un corps
» qui fatigue l'âme et l'embarrasse : tant de
» supériorité, une vue si nette, une appré-
» hension si fine, changent aussi pour M. le
» duc de Penthièvre les communications né-
» cessaires en des distractions pénibles! *Dis-*
» *sipez-vous*, lui dit-on, c'est-à-dire, *irritez-*
» *vous :* il est sûr de n'être jamais à l'unisson
» de ses entours, surtout lorsque l'éminence
» du rang pourroit donner le droit de faire
» sentir cette distance; mais le prince voit
» bien que ce petit soulagement nuiroit à son
» âme, sans en corriger les travers. Il faut
» l'avouer, dans une telle position, la religion

» seule peut donner la patience d'écouter la
» déraison et de souffrir l'injustice : et c'est
» un prince comblé des dons de la nature et
» de la fortune qui a besoin des plus grands
» motifs pour soutenir le poids de la vie.

» Il seroit cent fois plus malheureux s'il
» n'avoit pas établi ses espérances sur un
» avenir où toutes ses vertus seront récom-
» pensées par celui qui lui en a fait don,
» non pour faire son bonheur actuel, mais
» pour assurer son bonheur futur. »

N°. IV.

Parmi les personnes qui ont été attachées
à M. de Penthièvre, la justice et la vérité
m'obligent de faire mention d'un homme
très-estimable, c'est M. Mousseron, qui,
après avoir servi M. le comte de Toulouse et
mérité sa confiance, entra lorsque ce prince
fut mort au service de son fils. Il se dévoua
tellement à lui qu'on peut dire qu'il ne quitta
jamais sa chambre et par conséquent sa personne. Avec son inclination à faire le bien on
peut facilement imaginer combien il en a fait
pendant si long-temps et auprès d'un prince
qui

qui avoit continuellement les mains et la bourse ouvertes. Personne n'a mieux connu M. de Penthièvre que M. Mousseron. Il l'accompagna à l'armée, en Bretagne, en Italie, et partout où le prince fut; et enfin il ne cessa de le suivre qu'à 80 ans, et quand ses forces ne lui permirent plus d'aller. Cet homme généreux et bienfaisant, dans les mains de qui il a passé tant d'or, n'a pas laissé un sou en mourant, mais sa mort a été celle d'un saint. Dans la nuit qui l'a précédée, il dit je finirai à la pointe du jour, c'est ce qui arriva. Voilà la seule marque de reconnoissance que je puisse donner à la mémoire de cet homme vertueux qui m'a appris la plus grande partie des faits que j'ai rapportés. Au reste, premier valet-de-chambre de M. de Penthièvre, M. Mousseron fut l'ami et le protecteur de tout le monde, il n'y a eu presque personne, dans la maison du prince, auquel il n'ait rendu des services plus ou moins essentiels.

N°. V.

Depuis la mort de **M. de Penthièvre**, j'ai beaucoup entendu parler de l'exhumation faite dans la ville de Dreux, et ne voulant pas en parler, sans être bien instruit, je me suis adressé à une personne intelligente et digne de foi, elle m'a procuré la note suivante.

« Le premier frimaire an 2, en vertu d'ar-
» rêté du comité de Salut public de la con-
» vention des 13 et 15 septembre précédent,
» d'un autre du district de Dreux du 2 bru-
» maire même année, et de celui de la mu-
» nicipalité de Dreux, du 25 dudit mois de
» brumaire an 2, qui a nommé entre autres
» le citoyen Jacques B...., officier muni-
» cipal dudit Dreux :

« Des révolutionnaires de cette ville reti-
» rèrent d'un caveau, dans la collégiale de
» St.-Etienne, dix corps renfermés dans leurs
» cercueils de plomb, et leurs cœurs qui
» étoient dans des boîtes. Ces dix corps, dont
» cinq grands et cinq petits, furent jetés dans
» une fosse carrée de dix pieds de largeur,

» faite dans le cimetière des chanoines, près
» ladite collégiale, au bout du chœur; sur
» laquelle fosse existe actuellement une croix
» en bois. Les dix corps, dépouillés de tout
» linge, furent enterrés sans aucune précau-
» tion, et de leurs cercueils et boîtes de cœurs
» on tira 26 marcs 8 onces d'argent.
» 1252 livres de plomb.
» 194 livres de cuivre argenté.
» 1430 livres d'autre cuivre.
» 1368 livres de fer.
» qui furent transportés à Paris conformé-
» ment aux susdits arrêtés. La tête de ma-
» dame de Lamballe n'y étoit pas, et personne
» n'a connoissance qu'elle y ait été apportée.

Il sera facile de reconnoître les dix corps
de cette famille.

Les cinq grands sont :

M. et madame de Toulouse........ 2
M. et madame de Penthièvre....... 2
M. le prince de Lamballe.......... 1

Les cinq petits sont :

Le duc de Rambouillet............. 1
Le duc de Chateauvillain.......... 1

FIN DES PIÈCES JUSTIFICATIVES.